高等学校精品课程建设规划教材
高等教育应用型本科规划教材

U0795450

主 编
赵 敬 王 雷

副主编
赵京国 朱力伟 刘 倩

撰稿人
（以撰写章节先后为序）
赵 敬 王 雷 赵京国 朱力伟
刘 倩 陈建华 吴 磊 陈虹妹

管理信息系统

The management information system

湖南大学出版社

内容简介

本书系统介绍了管理信息系统的概念、结构、相关信息技术基础、战略规划、开发过程，以及管理信息系统的管理及应用。每章以案例导入，穿插阅读材料，并安排相关实验或案例分析，课后配以适量习题。

本书可作为应用型本科院校及高职高专管理类专业管理信息系统课程教材，也可供相关从业人员参考。

图书在版编目（CIP）数据

管理信息系统/赵敬，王雷主编 .—长沙：湖南大学出版社．2016.12

（高等学校精品课程建设规划教材）

ISBN 978-7-5667-1158-8

Ⅰ.①管… Ⅱ.①赵… ②王… Ⅲ.①管理信息系统—高等学校—教材 Ⅳ.①C931.6

中国版本图书馆 CIP 数据核字（2016）第 160157 号

管理信息系统

GUANLI XINXI XITONG

主　　编：赵　敬　王　雷

责任编辑：陈建华　**责任校对**：全　健

印　　装：衡阳顺地印务有限公司

开　　本：787×1092　16 开　**印张**：9.25　**字数**：250 千

版　　次：2016 年 12 月第 1 版　**印次**：2016 年 12 月第 1 次印刷

书　　号：ISBN 978-7-5667-1158-8

定　　价：25.00 元

出 版 人：雷　鸣

出版发行：湖南大学出版社

社　　址：湖南·长沙·岳麓山　　**邮　　编**：410082

电　　话：0731-88822559(发行部),88821327(编辑室),88821006(出版部)

传　　真：0731-88649312(发行部),88822264(总编室)

网　　址：http://www.hnupress.com

电子邮箱：presschenjh@hnu.edu.cn

主　　页：http://blog.sina.com.cn/hnup

高等学校精品课程建设规划教材
高等教育应用型本科规划教材

教材建设指导委员会

（按姓氏笔画排列）

出版说明

改革开放三十年来，我国高等教育的改革和发展实现了历史性的跨越，人才培养理念更加契合经济、社会发展的需要，针对本科教育的教学模式、课程体系和教学方法的教学改革越来越深入。特别是“十一五”期间实施的“高等学校本科教学质量与教学改革工程”建设，紧紧抓住影响本科人才培养的关键，有效推动了本科教育教学改革和人才培养质量提升，初步形成了国家级、省级、校级三级质量建设体系。

精品课程建设是高等学校教学质量与教学改革工程的重要组成部分。《教育部关于启动高等学校教学质量与教学改革工程精品课程建设工作的通知》从加强教学队伍建设、注重使用先进的教学方法与手段、重视教材建设等方面，对高等学校精品课程建设需要重点抓好的工作做了整体规划。要求高等学校整合各类教学改革成果，加大教学过程中使用信息技术的力度，加强科研与教学的紧密结合，鼓励主讲教师以建设系列化的优秀教材为目标，自行编写、制作相关教材。

为了贯彻落实《国家中长期教育改革和发展规划纲要（2010—2020 年）》，进一步深化本科教育教学改革，提高本科教育教学质量，大力提升人才培养水平，教育部、财政部决定在“十二五”期间继续实施“高等学校本科教学质量与教学改革工程”（简称“本科教学工程”）。旨在针对高等教育人才培养还不完全适应经济社会发展需要的突出问题，通过一段时间的改革建设，力争取得明显成效，更好地满足经济社会发展对应用型人才、复合型人才和拔尖创新型人才的需要。

湖南大学出版社以“打造精品教材，促进教育发展”为理念出版了这套高等学校精品课程建设暨高等教育应用型本科规划教材，在选题设计思路上贯彻了教育部关于培养适应地方、区域经济和社会发展需要的“本科应用型高级专门人才”的指示精神，和建立各门类、专业“校、省、国家三级精品课程体系”的工作部署，邀请了全国多所高校的优秀师资和专家学者召开教材建设专题研讨会，经过深入调查研究，突出了教材建设与办学定位、教学目标的一致性与适应性。这套教材严格遵照学科体系的知识构成和教材编写的一般规律，精心设计写作体例，科学安排知识内容，表达了一批教育工作者和出版人“精心打造精品，教材服务教育”的工作意愿。

高等学校精品课程建设暨高等教育应用型本科规划教材的顺利出版，只是这项工作的开端，在丰富教材品种、提升教材品质等方面还有许多工作要做，希望有更多的优秀教师和专家学者参与进来，为实现中国高等教育持续、内涵发展和新的跨越而共同努力。

高等学校精品课程建设规划教材
高等教育应用型本科规划教材
教材建设指导委员会
2015 年 11 月

前　言

应用型本科是以应用性、行业性、社会性为特点的区别于学术本科的新型人才培养类型，其与高职高专教育的培养技能型、应用型人才的宗旨近似，在教材建设上以“必须、够用”为原则，突出“少精俗新”的特点，贴近学生的学习特点和认知水平，深入贯彻因材施教的基本教育理念。

管理信息系统是管理类专业的专业基础课程。作为一门实践性、应用性很强的课程，大量的基本概念、方法和理论都需要通过联系实际才能深刻理解。本书在编写过程中，力求概念清晰、结构合理、通俗易懂、易教易学。一是通过每章开篇的“引子”导入相关理念，以有效引起学习兴趣；二是每章穿插“延伸阅读”，以在保有其课程体系完整性的前提下，开拓视野、提升能力；三是每章都安排有相关实验或案例分析，以求“理念落地”，以管理者角色利用信息技术完成自己的管理任务；四是每章后都配有适量习题，可根据教学需要选做，以提高学生分析问题、解决问题的能力。

本书的主要内容如下：第 1 章，绪论，主要了解管理信息系统的概念、结构、发展历程，以及与组织环境的相互影响；第 2 章，管理信息系统的技术基础，考虑到管理者使用和深刻理解管理信息系统所需，简要阐述与管理信息系统息息相关的数据组织与处理、数据库、数据仓库、计算机网络与通信等信息技术基础；第 3 章，管理信息系统的战略规划，介绍管理信息系统开发前的准备工作，以及战略规划理论和方法；第 4 章，管理信息系统的开发，详细介绍管理信息系统的开发过程；第 5 章，管理信息系统的管理，旨在让管理者了解项目管理、运维管理对管理信息系统建设的重要性；第 6 章，管理信息系统的应用，介绍了企业几种典型的管理信息系统，以及商务智能。

本教材由山东女子学院牵头组织编写，联合泰山学院、山西忻州师范学院、山东建筑大学等普通高校多年从事管理信息系统一线教学任务的老师编写而成。具体分工如下：山东女子学院赵敬、王雷任主编，泰山学院赵京国、山西忻州师范学院朱力伟、山东女子学院刘倩任副主编，山东建筑大学陈建华、山东女子学院吴磊、陈虹妹参编。本教材虽经编者多次讨论并反复修改，但限于水平，书中难免会有疏漏和不当之处，恳请读者批评指正。本书在编写过程中，参考了大量的国内外文献，在此谨向这些文献的作者表示衷心的感谢。感谢乔三、王亦佳同学为本书的文字录入与图片绘制所做的工作。

本书可作为应用型本科院校及高职高专管理类专业管理信息系统课程的教材，也可供教师、企事业管理人员学习参考。本书配有教学课件、实验要求及模板和相关教学资源，有需要的读者可与湖南大学出版社联系，或与 zhaojing _ cn@foxmail. com 联系。

编　者

2016 年 2 月

目 次

第1章

绪 论

【案例导入】

啤酒与婴儿纸尿片

沃尔玛在美国的一家分店发生过这样一件趣事。有一年夏天，管理者发现婴儿纸尿片和啤酒的销量次第拔高。超市立即针对这个现象进行了分析和讨论，并且派出工作人员在卖场内进行全天候的观察。工作人员发现，购买这两种产品的顾客一般都是年龄在25至35岁的青年男子。由于孩子尚在哺乳期，所以每天下班后他们都会遵太太之命到超市为孩子购买婴儿纸尿片，每当这个时候，他们大都会顺便为自己买几瓶啤酒。沃尔玛立即针对此现象采取了行动：将卖场内原来相隔很远的妇婴用品区与酒类饮料区的空间距离拉近，减少顾客的行走时间。同时，根据本地区新婚家庭的消费能力调查结果，对这两种产品价格进行了调整，使价格更具有吸引力，还向一些购物达到一定金额的顾客赠送婴儿奶嘴及其他小礼品。

该措施吸引了商圈内其他竞争对手的同类顾客光临，啤酒和婴儿纸尿片的销售都取得了相当不错的业绩。

进入21世纪，信息被管理者视为组织的重要资产。“信息的DNA正在迅速取代原子而成为人类生活中的基本交换物。”著名的未来学家尼古拉斯·尼葛洛庞帝在《数字化生存》中对未来的憧憬已成为当今的现实。伴随经济全球化进程的加速，信息技术正成为企业经营管理领域变革的催化剂与动力，越来越多的企业将信息系统视为赖以生存和竞争的武器和资源。管理过程亦由过去的一种制约、控制及沟通艺术进而被看作是一种长远的和全局性的协调过程。

第一节 管理信息系统的概念

管理、信息与系统三个不同领域的学科结合产生了一门具有综合性、系统性和边缘性的学科——管理信息系统（Management Information Systems，MIS）。早期的管理信息系统是人工信息系统，没有计算机。20 世纪 50 年代后期，计算机为各种管理功能提供信息服务，出现了管理信息系统的概念。20 世纪 80 年代才逐渐形成一门学科。管理信息系统，从字面上理解就是，用于管理的处理信息的系统。因此，管理信息系统是由管理出发或以管理为目的，通过信息手段来进行计划和控制的系统。

一、管理信息系统的定义

早在 20 世纪 30 年代，柏德就强调决策在组织管理中的作用，就有了管理信息系统概念的萌芽。50 年代，西蒙提出了管理依赖于信息和决策的概念。同一时期维纳发表了《控制论与管理》，他把管理过程当成一个控制过程，而控制要依赖于信息。50 年代，计算机已用于会计工作。1958 年盖尔写道："管理将以较低的成本得到及时准确的信息，做到较好地控制。"这些都预示着管理信息系统的出现。美国经营管理协会及其事业部也于 20 世纪 60 年代第一次提出了建立管理信息系统的设想，但由于当时的软硬件技术水平的限制和开发方法的落后，效果并不明显。

1970 年，瓦尔特・肯万尼（Walter T. Kennevan）对管理信息系统做过如下定义："以书面或口头形式，在合适的时间向经理、职员以及人员提供过去、现在和未来有着企业内部及其环境的信息，以帮助他们进行决策。"在那个时代，由于计算机应用还不普及，管理信息系统提供信息还停留在书面和口头的形式，目的是支持决策。

1985 年，管理信息系统的创始人戈登・戴维斯（Gordon B. Davis）给出较为完整的定义是："它是一个以计算机硬件和软件、手工作业为基础，利用分析、计划、控制和决策模型，以及数据库的人机系统。它具有提供信息，支持企业或组织的运行、管理和决策的功能。"这个定义强调了管理信息系统的三个核心问题：计算机工具、信息处理的模型和系统的功能。

之后，不同时期的研究者们从各自不同的角度对管理信息系统进行研究，从计算机系统实现、支持决策和人机系统等不同角度出发分别给出了不同的定义。

从计算机系统实现的角度，管理信息系统是一个由人、计算机等组成的能进行管理信息收集、传递、储存、加工、维护和使用的系统。管理信息系统能实测企业的各种运行情况，利用过去的数据预测未来，从全局出发辅助企业进行决策，利用信息控制企业的行为，帮助企业实现其规划目标。这是一个较为传统的定义，是人们对管理信息系统的希望和预期。

在管理信息系统的运用与实践中人们有了更深刻的认识。管理信息系统不仅仅是一个能给管理者提供帮助的基于计算机的人机系统，而且是一个社会技术系统。在这个时期，人们认识到管理信息系统是一个开放系统，应该将信息系统放在组织与社会这个大背景去考察，并把考察的重点，从科学理论转向社会实践，从技术方法转向使用这些技术的组织与人，从系统本身转向系统与组织、环境的交互作用。

随着互联网技术的发展和电子商务的深入应用，管理信息系统已突破原有的界限，成为企业内部业务流程和外部商务流程集成的平台，即跨组织的信息交流平台。管理信息系统的应用范围也已经超出了一个组织或企业的边界。通过管理信息系统，可对整个供应链上组织内和多个组织间的信息流进行管理，实现业务的整体优化，以提高企业运行控制和外部交易过程的效率。

通过以上分析，可以作如下定义：管理信息系统是一个以计算机为工具，具有数据处理、预测控制和辅助决策功能的信息系统。它可帮助企业实现对于信息资源的管理，改善企业的组织结构、经营方式与业务流程，支持企业各个层次的管理与决策。

人们对管理信息系统的认识在逐步加深，管理信息系统的定义也在逐渐发展和成熟。因此，对管理信息系统定义的不断完善是人们更好地理解其本质的过程。

二、管理信息系统的功能

1. 信息系统的基本功能

为了满足管理者对信息的需求，信息系统需要完成大量的数据处理工作，它的基本功能可以概括为数据的收集、储存、加工、传输、提供等五个方面。

（1）数据收集

数据要经过加工才能成为有用的信息。数据的来源可分为原始数据（Raw Data）和二手数据两种。如果数据是在出现当地直接采纳和收集的，这种数据就称为原始数据，例如温度记录、存货记录等管理现场记录等。二手数据是指已经收集记录在某种媒介上，与所描述的实体在时间与空间上已分离的数据，例如从统计年鉴、各种报表上搜集数据。

（2）数据储存

信息系统必须具备储存信息的功能，否则它就无法突破时间与空间的限制，发挥提供信息支持决策的作用。组织要考虑的信息储存问题包括储存量、信息格式、储存方式、使用方式、储存时间、安全保密等。

（3）信息加工

信息加工的种类很多。从加工本身来看，信息加工可分为数值运算和非数值运算处理两大类。数值运算包括简单的算术与代数运算、数理统计中各种统计量的计算与检验、运筹学中各类最佳算法，以及模拟预测方法等。非数值数据处理包括排序、归并、分类，以及文字处理（Word-Processing）等各种工作。

（4）信息传输

信息传输并不只是一个简单的传递问题。信息系统的管理者与计划者必须充分考虑需要传递的信息种类、数量、频率、可靠性要求等因素。

在实际工作中，信息传递与信息存储常常联系在一起。信息分散存储，可以使信息的传送量减少，但分散存储带来一连串的存储管理问题，如安全性、一致性等问题难以解决。信息集中存储在一处，存储问题比较容易解决，但信息传递的负担将大大加重。工作人员常常需要在两者之间进行权衡和合理选择。

（5）信息提供

信息提供手段是信息系统与管理者的界面（或称作接口），应按双方的情况来决定，即需要提供的信息情况及使用者自身的情况。

以上所列举的信息系统的五项基本功能，在实际运行的信息系统中，发挥功能的机制极不相同，设计时考虑的优先次序也因系统而异。但是，任何一个信息系统，都必须配置必要的设备来发挥这些功能。任何一个环节上的错漏都可能使整个信息系统失调甚至无法运作。

2. 管理信息系统的特定功能

对于管理信息系统来讲，既然它是一个信息系统，就必须具备前述五项基本功能。除此之外，管理信息系统又具备特有的预测、计划、控制和辅助决策功能。

（1）预测功能

运用现代数学方法、统计方法或模拟方法，根据过去的数据预测未来的情况。

（2）计划功能

根据组织提供的约束条件，合理安排各职能部门的计划，向不同的管理层提交相应的计划报告。

（3）控制功能

根据各职能部门提供的数据，对计划的执行情况监测、检查，比较执行情况与计划的差异，分析出现差异的原因，辅助管理人员以各种方法控制执行。

（4）辅助决策功能

采用各种数学模型和存储在计算机中的大量数据，及时推断有关问题的最优或最满意的求解方案，辅助各级管理人员决策，使组织能够合理利用人、财、物和信息资源，取得较大的经济效益。

三、管理信息系统的特点

由上述管理信息系统的定义，可以得出管理信息系统具有如下特点。

1. 是一个为管理决策服务的信息系统

它必须能够根据管理的需要，及时提供信息，帮助决策者作出决策。

2. 是一个对组织乃至整个供需链进行全面管理的综合系统

管理信息系统综合的意义在于产生更高层次的管理信息，为管理决策服务。

3. 是一个人机结合的系统

管理信息系统的目的在于辅助决策，而决策只能由人来做，因而它必然是一个人机结合的系统。在管理信息系统中，各级管理人员既是系统的使用者，又是系统的组成部分。因而，在管理信息系统的开发过程中，要根据这一特点，正确界定人和计算机在系统中的地位和作用，充分发挥人和计算机各自的长处，使系统得到整体优化。

4. 是一个需要与先进的管理方法和手段相结合的信息系统

人们在管理信息系统的应用实践中发现，如果只简单地采用计算机技术提高处理速度，而不采用先进的管理方法，那么管理信息系统的应用充其量只是减轻了管理人员的劳动，其作用发挥得十分有限。管理信息系统要发挥其在管理中的作用，就必须与先进的管理手段和方法结合起来，在开发管理信息系统时，融进现代化的管理思想和方法。

5. 是多学科交叉形成的边缘学科

管理信息系统是一门新的学科，其理论体系尚处于发展和完善的过程中。早期的研究者从计算机科学、应用数学、管理理论、决策理论、运筹学等相关学科中抽取相应的理论，构建了管理信息系统的理论基础，从而形成一门具有鲜明特色的边缘学科。因此，管理信息系统是为了实现现代管理的需要，在管理科学、系统科学、信息科学和计算机科学的基础上形成的一门学科，它是现代管理思想、管理方法和现代信息技术的结合体。

【延伸阅读】

信 息

无论对于国家、社会还是对于企业或个人，信息已无可争辩地成为一种竞争性资源。信息与能源、材料并列为现代社会发展的三大支柱。需要注意的是，在管理信息系统的概念中，信息和数据的概念是不同的。数据是记录客观事物的、可鉴别的符号。这些符号不仅包括数字，还包括字符、文字、图形、声音等。数据经过处理仍然是数据。处理数据是为了便于更好地解释。只有经过解释，数据才有意义，才能成为信息。因此，信息是经过加工以后、对客观世界产生影响的数据。同一数据，每个人的解释可能不同，其对决策的影响也可能不同。决策者利用经过处理的数据作出决策，可能取得成功，也可能遭受失败，关键在于对数据的解释是否正确，因为不同的解释往往出于不同的目的。

事实上，在信息技术领域，数据、信息、知识这三个概念虽然存在一个由低到高的层次，但经常被交替使用。信息不随承载它的实体形式改变而变化，数据则不然，它会随着载体不同而发生变化。而在经济学、管理学中，往往从信息价值的角度来考察信息，甚至将信息量与信息价值相联系。自从 1994 年诺贝尔奖授予研究信息经济学的纳什后，经济学界更愿意从信息经济学的角度理解信息的概念。

第二节 管理信息系统的结构

管理信息系统并不是与一个组织的其他信息系统相分离的特殊实体，它是组织信息系统的核心，贯穿于组织管理的全过程，同时又覆盖了管理业务的各个层面，因而其结构也必然是一个包含各种子系统的层次结构。

一、管理信息系统的层次结构

管理信息系统的任务在于支持组织的管理任务，因而管理信息系统可以按照管理任务的层次进行分层。管理任务的层次如表 1-1 所示。

表 1-1 管理任务的各个层次及内容

层次	内容
决策层	规定组织的长远目标、政策与总方针； 组织的管理层次与幅度； 决定组织的战略任务，控制组织重要的资源和政策
管理层	各类资源的获得与组织，人员的招聘与训练，资金的监控等
操作层	有效利用现有设备和资源，在预算限制内的操作性活动

决策层主要考虑的是组织的长远计划，处理中长期事务，如地区发展、市场战略等；管理层属于中期计划范围，包括资源的获取与组织、人员的招聘与训练、资金监控等方面；操作层是组织的最基本活动，它记录了组织的每一项日常经营和管理活动。

在实际工作中，有时同一问题可以属于不同的管理层次，只是每个层次考虑问题的角度不同而已。如库存控制问题，在操作层最关心的是日常业务处理是否准确无误；在管理层考虑的是如何根据运行控制数据，确定安全库存量和订货次数；而在决策层关心的是如何根据运行控制和管理控制的结果及战略目标、竞争者行为等因素，作出正确的库存战略决策。

从管理决策问题的性质来看，在操作层上的决策是为了保证有效完成具体任务或操作，有一定的周期性，大多数是属于结构化的问题。决策层的决策内容，如确定和调整组织目标，以及制订关于获取、使用各种资源的政策等，一般属于非结构化决策问题。管理层所作决策是针对各种资源的获取和使用进行有效计划和控制等方面的问题。它受决策层所作目标和策略的限制，介于结构化和非结构化之间。

从信息处理的工作量来看，信息处理所需资源的数量随管理任务的层次而变化。一般操作层的信息处理量较大，层次越高，信息量越小，形成一个“金字塔”形系统结构，“塔”的底部表示结构明确的管理过程和决策，而顶部则为非结构化的处理工作和决策，如图 1-1 所示。

二、管理信息系统的功能结构

管理信息系统的结构，也可以按照使用信息的组织职能加以描述。系统所涉及的各职能部门都有着自己特殊的信息需求，需要专门设计相应的功能子系统，以支持其管理决策活动，同时各职能部门之间存在着各种信息联系，从而使各个功能子系统构成一个有机结合的整体，管理信息系统正是完成信息处理的各功能子系统的综合。

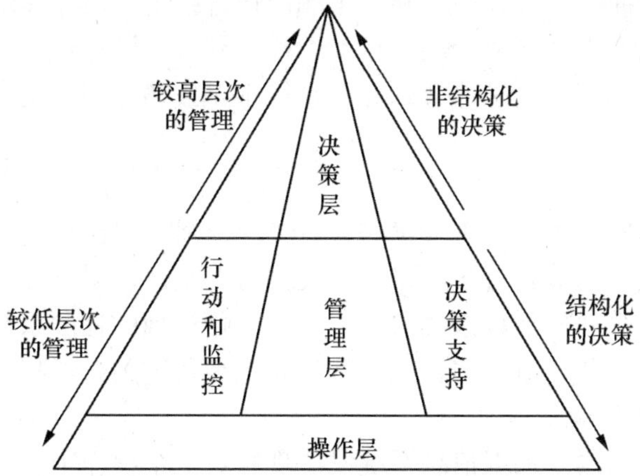

图 1-1　“金字塔”形系统结构

例如，对于一家生产性组织（企业）而言，典型的职能组成包括生产制造、销售和市场、财务和会计、物资管理、人力资源等。每一个职能子系统用来完成有关功能的全部信息处理，包括业务处理、运行控制、管理控制和战略管理，因而，按管理职能划分，管理信息系统可由生产制造信息系统、市场营销信息系统、物资管理信息系统、财务和会计信息系统、人力资源信息系统等子系统构成。其中，生产制造信息系统的功能包括产品的设计与制造、生产设备计划、作业的调度与运行、生产工人的录用与培训、质量的控制与检验等；市场营销信息系统的功能通常包括产品的销售和推销以及售后服务的全部活动；物资管理信息系统包括采购、收货、库存控制、发放等管理活动；财务和会计信息系统有着不同的目标和工作内容，但它们之间有着密切的联系，财务的职责是在尽可能低的成本下，保证组织的资金运转，包括托收管理、现金管理和资金筹措等，会计则是把财务工作分类、绘制标准财务报表、制订预算及对成本数据的分类与分析；人力资源信息系统包括人员的录用、培训、考核记录、工资和终止聘用等。

三、管理信息系统的综合结构

上述功能结构的缺点，一方面是各个职能的优化常常导致整个组织总目标的劣化，如库存管理员为了加速流动资金的周转和降低库存保管费用，会设法保持仓库中的最低存货量；而销售管理员却希望仓库中保持较高的存货量，以便不会因为商品的缺乏而错过了销售机会。显然，单独为这两项任务设计的信息系统将会导致实现总目标的矛盾。另一方面，组织结构有时与信息不协调，当组织结构变化时，往往因为信息系统不能适应变化而造成“信息落后”。因此，随着管理信息系统的发展，人们在优化这种系统的过程中，设想出内部有联系而不是独立的模式，从而转向具有复杂结构的综合系统。

1. 横向综合结构

横向综合就是把同一管理层次的各种职能综合在一起，如把位于操作层的生产制造、市场营销、物资管理、财务会计与人力资源等子系统综合在一起，使基层的业务处理一体化。通常，横向综合是在已经建立了职能信息系统之后才逐步实现的，因为组织结构和信息需要互相交织、不能分离。目前，横向综合向资源综合的方向发展，又如按人力资源把组织人员的相关信息综合到一个系统中，按物资管理把采购、进货、库存控制综合到一个系统中。

2. 纵向综合结构

纵向综合即把不同层次的管理业务按职能综合起来。例如一个公司下属几个工厂，这个系统可综合从工厂一级到公司一级的有关销售、生产、财务、物资等方面的数据分析，使从事处理生产数据的信息系统与从事处理策略计划的控制系统结合起来，这种结构可使各级之间信息畅通，对于多级组织和涉及范围较广的公司特别有意义。

3. 纵横综合的软件结构

也称为总的综合结构。根据信息系统发展现状，一个组织中的所有各部分的决策和活动都是有内在联系的。所谓纵横综合，是指把组织中的数据按横向和纵向加以综合，可形成一种完全一体化的系统结构，能够做到信息集中统一，程序模块共享，各子系统功能无缝集成。从纵向上，不同层次的管理业务按职能综合，便于上下沟通；从横向上，同层次管理职能的综合，可使基层的业务处理一体化。

通过对管理信息系统进行综合可知，管理信息系统是由各功能子系统组成的。每一个子系统又可以分为四个主要信息处理部分，即业务处理、运行控制、管理控制（战术管理）和战略管理。信息系统的每个功能子系统都有自己的文件，还有由各子系统公用数据组成的数据库，由数据库管理系统进行管理。如图 1-2 所示为综合形成的管理信息系统概念结构框架。人们可以用它来描述有关现有的或进化中的管理信息系统。它也是一个确定管理信息系统的实施方法的物理结构。

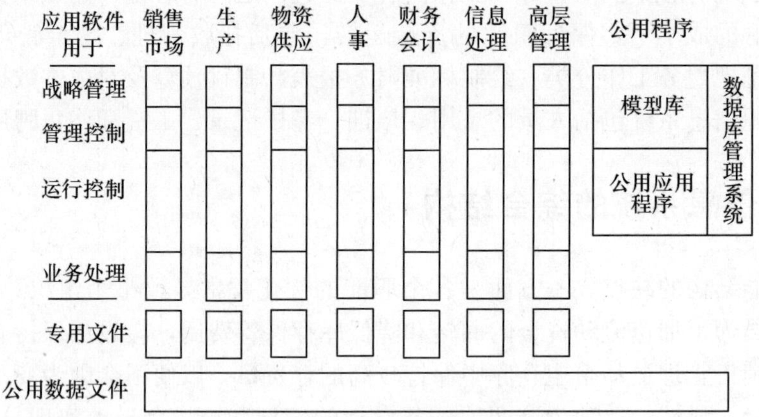

图 1-2 管理信息系统概念结构框架

在这种纵横结构系统，除了有为每个子系统专门设计的应用程序，也有为多个职能部门服务的公用程序，有关的子系统都与这些公用程序连接。此外，还有为多个应用程序共用的分析与决策模型。这些公用软件构成了信息系统的模型库。可见，纵横综合系统的逻辑复杂性和对物理存储的要求较高。

第三节 管理信息系统的发展历程

管理信息系统是一门新兴学科，它是依赖于现代管理科学、系统科学、现代通信技术、计算机科学的发展而形成的。管理信息系统出现的历史可以追溯到计算机出现之前的岁月。工业社会诞生以来，人们就一直在尝试信息处理的自动化，IBM公司曾经发明了一种穿孔卡片机，每分钟可以处理200张卡片；后来英国的巴贝基等人曾尝试研制机械式计算机。1946年世界上第一台电子计算机发明，尽管当时数据处理还属于计算机科学的应用领域，但信息技术对企业管理的影响引起了管理学界的注意。

一、电子数据处理系统阶段

1954年，美国通用电气公司开始应用计算机处理商业数据，标志着最原始的电子数据处理系统（Electronic Data Processing Systems，EDPS）的诞生。从发展阶段来看，电子数据处理阶段可分为单项数据处理和综合数据处理两个阶段。

1. 单项数据处理阶段（20世纪50年代中期到60年代中期）

这是电子数据处理的初级阶段。在这一时期，管理信息系统主要以商业企业中的单项事务子系统为主，主要利用电子计算机代替局部数据量大、操作方法简单的业务处理，如工资核算、管理库存、编制报表等。其目的主要是用计算机代替人的重复性劳动，以减轻工作强度、提高工作效率，这也是管理信息系统的萌芽时期。此时计算机的普及率很低，设备功能简单且运行效率很低；没有操作系统，更没有应用软件；数据无法共享，对数据采用文件式的管理，没有现代意义上的数据库系统；对作业采用集中批处理方式。

1960年以后出现的数据更新系统也属于这方面的内容。例如，美国Share航空订票系统可掌握1 008个预约点、76 000个座位和27 000个飞行记录。由于这种系统不能报告当前的售票速度和何时才能将票售完，即没有预测和控制功能，所以还不能说是管理信息系统。

2. 综合数据处理阶段（20世纪60年代中期到70年代初期）

这一时期的计算机技术有了很大发展，出现了大容量直接存取的外存储器；数据以文件方式存储在磁盘上，实现了初步的数据共享；作业处理方式以实时处理为主；出现了操作系统。此外，一台计算机能够带动若干终端，可以对多个过程的有关业务数据进行综合处理。在这一时期，计算机在商业、企业以及各领域中得到了较为广泛的应用。管理信息系统的特点是以计算机为中心，实现分散管理和集中服务相结合的形式，针对不同业务建立以数据处理为基础的各种业务信息系统。

这一阶段各类信息报告系统应运而生。信息报告系统是管理信息系统的雏形，其特点是按事先规定的要求提供各类状态报告，用来支持决策制订。（1）生产状态报告。例如，IBM公司生产计算机时，由状态报告系统监视每一个元件生产的进度，它大大加快了计划调度的速度，减少了库存。(2) 服务状态报告。例如能反映库存数量的库存状态报告。(3) 研究状态报告。例如，美国的国家技术信息服务系统（NTIS）能提供技术问题简介、有关研究人员及著作出版等情况，这个系统自动完成了30万份报告。

信息报告系统属于早期的管理信息系统，由于它不能有效地支持决策，所以亦不能称作完善的管理信息系统。

二、管理信息系统阶段

20世纪70年代初，随着数据库技术、网络技术和科学管理方法的发展，计算机在管理上的应用日益广泛，管理信息系统逐渐成熟起来。此时的管理信息系统从事务处理转向管理控制，IBM公司开发的COPICS（Communication Oriented Production and Information Control System）系统为成功范例之一。

在这一时期，管理信息系统最大的特点是高度集中，能将组织中的数据和信息集中起来，进行快速处理，统一使用。有一个中心数据库和计算机网络系统是管理信息系统的重要标志，其处理方式是在数据库和网络基础上的分布式处理。随着计算机网络和通信技术的发展，不仅能把组织内部的各级管理联结起来，而且能够克服地理界限，把分散在不同地区的计算机网络互连，形成跨地区的各种业务信息系统和管理信息系统。

另外，在这一阶段，管理信息系统开始运用系统的理论和方法进行开发，利用定量化的科学管理方法，通过预测、计划、优化、管理、调节、控制等手段来支持决策。

三、决策支持系统阶段

20世纪70年代，西方管理信息系统的发展遇到了很大的挫折。人们发现，耗费大量投资建立起来的计算机系统并没有像人们所期望的那样，大大提高企业管理工作的效率，给企业带来可观的收益。

为此，国际上展开管理信息系统失败原因的讨论。显然，并不是管理信息系统不能提供信息，而是管理信息系统提供的信息并非管理者决策所需。美国的Michael S. Scott Marten在《管理决策系统》中首次提出了“决策支持系统”（Decision Support Systems，DSS）这一概念。DSS不同于传统的管理信息系统，它融入了运筹学、人工智能、管理科学、决策科学等学科的方法和技术，在构成上增设了管理和储存求解模型的模型库、为模型提供算法的方法库，以及能拉近人和机器的人机对话接口，可以在人和计算机交互的过程中帮助决策者探索可能的方案，为管理者提供决策所需的信息。由于支持决策是管理信息系统的一项重要内容，因此DSS无疑是管理信息系统的重要组成部分；同时，DSS以管理信息系统管理的信息为基础，是管理信息系统功能上的延伸。因此，DSS是管理信息系统发展的新阶段，是把数据库处理与经济管理数学模型的优化计算结合起来，具有管理、辅助决策和预测功能的管理信息系统。

综上所述，EDPS、MIS、DSS各自代表了信息系统发展过程中的某一阶段，但至今它们仍各自不断发展并相互交叉。EDPS是面向业务的信息系统，MIS是面向管理的信息系统，DSS则是面向决策的信息系统。DSS在组织中可以是一个独立的系统，也可以作为MIS的一个高层子系统而存在。

四、管理信息系统的进一步发展

20世纪90年代以来，随着微型计算机处理能力和通信网络的高速发展，管理信息系统面临着技术更新、观念和应用环境的变化，这就要求系统能够随着环境的变化和应用领域的扩展而快速做出调整，不断适应业务变化和扩展的需要。此时，信息系统出现了不少新的概念，诸如战略信息系统、经理信息系统、电子商务系统、MRP II和ERP、信息资源管理、智能决策支持系统、群体决策支持系统、计算机集成制造系统等。

1. 管理思想的信息化融合与集成

管理信息系统，其实质就是各种管理思想的信息化实现。因此，有不同的管理思想，相应的就有与之对应的管理信息系统。这就使各种类型的管理信息系统层出不穷。管理信息系统蕴含的管理思想可以归纳为三种：面向企业功能（如办公自动化OA）、面向企业过程（如MRP II）、面向产品生命周期（如SCM）。随着管理信息化基本理念的成熟，管理信息系统逐步会发展成为一种融合各种管理思想的、面向产品生命周期的集成系统，比如计算机集成制造系统。

计算机集成制造系统（Computer Integrated Manufacturing System，简称CIMS）是利用计算机将互相独立发展起来的计算机辅助设计系统（CAD）、计算机辅助控制系统（CAM）与管理信息系统（MIS）综合为一个有机整体，从而达到设计、制造和管理过程自动化的系统。CIMS被称为21世纪的管理系统。日本在1977年动工兴建，大约在1985年完成的无人制造系统就是一例，它是一个制造减速器和冷冻机零件的无人工厂。全厂分5个部分，即生产设备、控制中心、供应、发货和管理系统。生产设备包括自动线、自动化仓库、计算机及废料处理。它的生产设备可在无人操作下每天24小时运行。白天全厂只需要12个人监视和做些准备工作。每台设备上有一台微机，它可将劳动效率提高70倍，它的所有计划、供应、发货和质量检查全部由计算机来完成。CIMS的进一步发展将是无人制造系统。

未来管理信息系统的集成化趋势的另一显著特点是集成的内容无比丰富，并极为错综复杂、难分彼此地交融在一起。集成可大致分为各应用子系统过程和功能上的集成，人、技术与管理的集成，甚至包括企业间的有关集成。

2. 管理信息系统的职能级应用

管理信息系统的构成遍布企业的各个层面各类职能。从管理层次来看，分布于战略层、战术层和作业层的各类管理信息系统，在目的上和功能上有所不同。管理信息系统在战略层的目的是支持企业的战略性决策，系统的功能主要为全局性、方向性，或关系企业竞争能力的重要问题的分析与决策。战术层和作业层的主要目的分别是提高工作效用和工作效率，管理信息系统为战术层提供资源配置、运作绩效等经营状态的分析评估和计划落实的控制优化等功能，为作业层提供准确便捷的数据收集处理功能。

管理信息系统的职能级应用，也就是任务级应用，通常情况下，它支持单项复杂任务的应用，如CAD（Computer Aided Design，计算机辅助设计）、仿真系统等；同时，它还支持单个职能部门的应用，如财务系统、人事管理系统、销售合同分析系统、订票系统、设备台账系统等职能部门的使用。

3. 管理信息系统的企业级平台化应用

随着企业建模思想的成熟，必然在面向企业功能、面向企业过程以及面向产品生命周期等方面积累起各种企业模型，在这些企业模型的基础上，对这些模型按照行业进行分类，然后按照行业大类、行业小类进行逐步细化，最后就可以建立面向行业、面向行业大类、面向行业小类的企业参考模型。在企业参考模型的基础上，再对每种模型所蕴含的管理思想进行自上而下的分解，随着各类模型库的丰富和面对特定对象（企业功能、过程、产品生命周期）的构件的完善以及管理思想的日益成熟，就可以构建平台式的管理信息系统，它能够针对具体的企业，在参考模型的基础上，根据企业实际情况稍作修改，就能在大量的构件库中快速组装出具有个性化的企业管理信息系统。

在企业组织内跨部门的应用有企业资源计划（ERP）、客户关系管理（CRM）等；而跨组织的应用，则有供应链管理（SCM）、电子商务（EC）等。

4. 管理信息系统的网络化应用

网络技术尤其是Internet的发展，不仅为信息管理带来外在的技术形式的变化，更触发管理模式、管理思想上的根本变革。信息系统的网络化具有极为丰富的内涵，涉及管理过程、管理方法、管理范围、组织结构等方面，具体来说包括：组织结构由等级式的金字塔结构走向扁平化的网络结构；信息管理的对象范围由封闭走向开放；企业活动（包括管理过程）由完全的序列活动走向合理的并行活动。例如支持广泛的沟通和交流，如Email、短信息、QQ、微信等；又如基于浏览器/服务器方式的应用、商户之间的网上交易和在线电子支付的电子商务功能、业务外包以及虚拟团队等。

电子商务（Electronic Commerce，简称EC）是以网络为主的多种信息技术在商业领域的集成应用。电子商务是在Internet开放的网络环境下，基于浏览器/服务器应用方式，实现消费者的网上购物、商户之间的网上交易和在线电子支付的一种新型商业运营模式。在Internet上，电子商务可分为信息服务、交易和支付三个方面，主要包括电子商情广告、电子选购和交易、电子交易凭证的交换、电子支付与结算以及售后的网上服务等。

【延伸阅读】

决　策

“决策”是一个古老的概念。但真正把决策作为一种学科来研究是从20世纪40年代才开始的，包括决策分析方法和决策模式。决策是人们为达到一定目的而进行的有意识、有选择的行动。在一定的人力、设备、材料、技术、资金和时间因素的制约下，人们为了实现特定目标，从多种可供选择的策略中做出决断，以求得最优或较好效果的过程就是决策过程。

决策科学先驱西蒙（H. A. Simon）教授在著名的决策过程模型论著中指出，以决策者为主体的管理决策过程经历情报、设计和选择三个阶段，之后他又补充了第四个阶段——实施。情报阶段是指进行“情报”（数据）的收集和处理、研究决策环境、分析和确定影响决策的因素或条件的一系列活动；设计阶段是指发现、制订和分析各种可能的行动方案；选择阶段是指从可行方案中选择一个特定的方案，对它进行方案评价与审核，并付诸实施。他还认为，决策是一个相当系统化的过程，该流程相当规范，并具普遍性，可以使用决策辅助和模型工具加以支持。

第四节　管理信息系统面临的挑战

正如农业时代没能预见火车、电话线和蒸汽机等带来的深刻影响一样，1946 年诞生的第一台电子计算机，也没有人能预见它将改变人类社会的轨迹。如今，信息技术、信息系统已成为组织活动的重要战略组成部分。与此同时，信息技术和管理信息系统的发展极大地促进了生产、经营和管理工作，同时也向我们提出了许多问题。

一、信息系统与环境

管理信息系统的应用离不开一定的环境和条件。环境是指有关组织内、外部各种因素的综合，这些因素对管理信息系统的应用有着相当大的影响，在一定程度上决定着管理信息系统应用的成败。下面以管理信息系统在企业中的应用为例，讨论影响管理信息系统应用的环境因素。

1. 生产过程

管理信息系统的特点之一就是信息技术与管理手段、思想和方法的结合。以企业管理信息系统为例，不同的企业有着不同的生产特征和千差万别的内外部环境，从而造成管理思想和管理方法上的差异，因而只有将管理信息系统与企业的具体情况相适应，才能充分发挥作用。

以工业企业为例，从投入物的供求联系和劳动对象的性质可以分为采掘业、冶炼业和制造业。采掘业是指开采、挖掘自然资源的行业，如采矿业、采煤业、石油工业等，其劳动对象是自然资源，采用流程式生产方式，管理的重点一般为物料储运。冶炼业是直接对采掘业的产品进行加工的行业，一般是流程式生产，物料储运和管理仍然十分重要。一些现代化的管理理论与方法，如线性规划、网络计划等对这种行业非常有效。制造业是对经过加工的资源进行再加工，以改变物料的物理形式，如机械零件的加工和装配行业。它采用离散式生产，对生产过程的计划、管理和控制最为复杂。可见，不同的生产特征决定着企业开发应用管理信息系统时应当贯彻不同的管理思想，因而必须在系统进行总体规划之前进行认真分析，以保证系统对企业的生产经营活动进行有效管理。

2. 组织规模

组织规模是管理信息系统环境中最重要的因素之一，它决定着系统应用的目标和规模。因而，在管理信息系统的建设上，应根据组织规模确定系统的规模和目标。

组织规模即组织的大小。系统开发往往需要巨额投资，甚至严重影响到一个小组织的经济运行，由此造成大组织和小组织在系统开发态度上的差异：大组织往往从应用效果考虑，倾向于系统技术上的先进性和功能上的完整性；而小组织由于受资金方面的限制，尽管有应用高档配置的管理信息系统的要求，却常常以牺牲系统的性能为代价，采用一些低档的配置。

显然，小组织在应用管理信息系统时有更多难处。小组织在开发管理信息系统时，一方面，受资金的限制，希望系统能尽快创造经济效益；另一方面，受系统性能的制约，系统功能的发挥受到了限制，难以实现良好的经济效益。小组织在应用管理信息系统时，除了考虑资金情况以外，还要求系统能尽快创造效益，往往在没有认真进行系统分析的情况下仓促上马，使系统的成功率大大降低，因而小组织在应用管理信息系统时将冒更大的风险。

3. 管理的规范化程度

管理的规范化是组织管理科学性与合理性的要求。管理的规范化程度受企业规模的影响较为明显。大组织由于管理的要求较高，因此，机构较为完备，管理活动也较为规范；小组织的管理往往集中在高层领导手中，各部门之间缺乏制度化的联系，领导决策有很大的主观性与随意性。

因此，对于小组织来讲，应把开发应用管理信息系统作为规范管理、提高效率的契机，这比系统开发本身更有实际意义。要注意借机设计合理、高效的工作逻辑，简化“程序”，否则可能会适得其反，降低效率，给实际工作带来麻烦。同时要认识到，管理的规范化过程可能意味着权力和利益的重新分配，因此往往存在一定的阻力。

4. 组织的系统性

与组织的规模、管理的规范化程度一样，组织的系统性是管理信息系统应用中的又一重要环境因素，在一定程度上决定着管理信息系统的成败。

组织管理是一个复杂的系统。我们可以把组织看作一个人工系统。与一般人工系统不同的是，很多组织都是未经充分规划而创造的，或者虽经规划，但随着生态进化般的发展，生产过程、产品结构、组织结构等经过多次调整，系统结构早已发生变化，成为一个不可捉摸的“黑匣子”。我们可以观察到系统的输入和输出，但无法了解其内部工作过程，甚至管理人员也无法清楚地说明管理过程，无法预测其输出。在这种组织中，应用某项技术只是因为知道它有用，而不是因为真正认识到它如何发挥作用。这种组织在管理上是不系统的。这种系统既无法进行精确定义和理解，也无法进行量化分析，因为它不产生与决策有关的数据。

而一个系统性的组织则相反，其管理过程是系统化的，可以被准确地描述和量化，能够产生与决策控制过程相关的数据。这种组织的管理和决策能够在各管理环节的支持下准确进行。

除上述因素外，其他因素如：如何获得系统所需的物资和人力资源、组织内部对管理信息系统的理解和认识程度、决策技术及系统的软硬件水平、人的素质等，都对管理信息系统的应用有着举足轻重的影响。开发管理信息系统的最大难点在于系统需求难以获得。由于管理信息系统应用涉及组织管理的方方面面，没有对整个组织管理系统的深刻理解和对应用环境的精确把握，就不可能有成功的管理信息系统应用。因而，在管理信息系统规划之前，必须对影响系统应用的环境因素进行认真分析，找出影响系统成功应用的关键，使组织的管理工作规范化、现代化，为管理信息系统的应用做好准备。

二、信息系统与管理

管理的任务在于通过有效地管理好人财物等资源来实现企业目标，而要管理这些资源，需要通过反映这些资源的信息来管理。每个管理系统首先都要收集反映各种资源的有效数据，然后，再将这些数据加工成各种统计报表、图形，以便管理人员能有效地利用企业的各种资源来完成企业的使命。

决策贯穿于管理的全过程。管理工作的成败，首先取于决策的正确。信息系统对管理的支持，归根到底是对决策的支持。而决策的正确与否，则在很大程度上取决于信息的质和量，特别是运筹学和现代控制论的发展，使许多先进的管理理论和方法应运而生。而这些理论和方法又都因为计算工作量太大，用手工方式根本不可能及时完成，计算机高速准确的计算能力和海量存储能力，为这些理论从定性到定量方面指导决策活动开辟了新局面。

然而，自 20 世纪 50 年代将计算机引入管理以来，许多管理信息系统在耗费了大量的人力、物力和财力之后夭折了，有些时候甚至把计算机当成了打字机。人们日益认识到，管理信息系统不仅是技术系统，而且是社会系统。管理信息系统技术的复杂性、需要资源的密集性和用户需求的多样性仅是问题的一个方面，而更重要的则涉及管理思想、管理制度、管理方法、权力结构和人们习惯的变化。

事实上，信息技术的飞跃，正在促使企业管理发生深刻的变化。例如，由于信息系统改变了企业的通信状况，可能引起企业重组工作流程、重新分工、重新划分职权、重新进行企业的组织设计，甚至过去的服务地点、时间、办公桌相对位置等，也都可能做很大的调整。因此，面对这种变化，一是优化企业文化，培训工作人员，使之适应新技术应用和企业转型的挑战，这具有重要的战略意义；二是提高科学管理水平，为信息系统的实现和发展创造有利的条件。同时，政府部门应积极推动网络建设，加强国家信息基础设施建设，创造开放的信息环境，促进信息交流，加强信息标准化工作，以期促进信息系统的应用和发展。

三、信息系统的伦理问题

伦理是指人与人之间处理相互关系时指导他们行为对错的准则和规范。信息系统的伦理问题主要是指在信息技术使用中引发的伦理问题。

信息技术在商业中的应用，对社会产生了重要的影响，同时也引发了隐私、侵权、犯罪、法律、健康、工作环境等方面的伦理问题。信息系统的超强能力和信息具有高速扩散的特点，使某些人甚至一按键就可以轻而易举地窃取他人辛苦了几年的成果，获得丰厚利益。严重时还可能对被侵权者造成财产损失和利益损害。如某些企业获取消费者私密信息，出卖或滥用，造成对受害者的干扰和损害等。

信息技术的使用给企业的安全带来新的挑战，同时也带来了相关的道德与伦理问题，并且将影响着社会的许多重要的方面，是信息系统管理与应用中需要关注的重要问题。1985 年詹姆斯·摩尔在《什么是计算机伦理》中指出，计算机伦理主要关注四个方面的问题：(1) 识别和发现因计算机技术而导致的政策空白；(2) 澄清计算机相关概念的混淆问题；(3) 建立关于如何使用计算机的相关政策；(4) 对这些计算机相关政策进行伦理评判。而劳顿等则将计算机、信息系统引发的伦理、社会和政治三者关系描述为一个平静无波的池塘被扔进一块大石头，如图 1-3 所示。他认为引发的伦理问题会波及社会体制，进而触发政治运作。原来处于法律约束下的相对平衡状态的社会，受到信息系统引发的个人隐私泄密和知识产权侵犯等伦理问题的破坏，有时会对社会产生难以容忍的冲击。

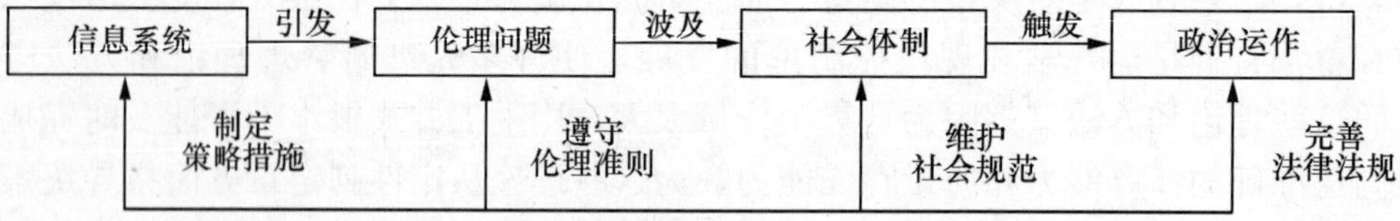

图 1-3 IS 引发的伦理、社会和政治问题

为解决信息系统伦理问题，需要建立适当的法律、法规及管理制度，并结合相应的社会道德约束。一般来说，从新技术对人们产生不利影响并造成损害，再到有关组织采取措施引导新技术的应用，要经历一段相当长的时间。在这段时间里，信息系统伦理问题的解决只能部分地求助于尚不很完善的法律法规，部分地依赖于人们道德上的自我约束。

【实验】

利用 Excel 对某超市的销售数据进行分析

某大型超市是商业区最负盛誉的商场，有女装、男装、儿童、鞋类与箱包、化妆品、家居用品、餐饮等几大部门，每个部门都有一批训练有素的销售人员。为了更好地鼓励销售人员辛勤工作，公司销售部门主管制订了如下薪酬支付办法。

在公司内部，对销售代表进行分级，并按照他们的工作经验和在本公司的工作年限领取薪水。销售代表如果超额完成他们的分配份额任务将会得到一份提成。因为销售人员的工作时间是不同的，所以销售任务分配就基于工作时间来定。例如，如果一个销售代表一小时销售任务是 100 美元，并且他工作 5 小时，那么他一天的销售任务就是 500 美元。对于超过 500 美元的销售，销售代表将会得到一定提成。表 1-1 是不同级别的时工资和他们每小时的销售任务。

表 1-1 时工资和时销售任务

销售员级别代码	销售职位	时工资（美元）	时销售任务（美元）	分成率
AM	经理助理	20.00	200.00	3%
PT1	销售助理	8.50	100.00	1%
PT2	销售伙伴	8.75	125.00	1.5%
S1	销售合伙人	10.50	150.00	2%
S2	销售顾问	12.00	175.00	2.5%

每周工作一结束，销售部门主管都要做每周的销售报表，格式如表 1-2 所示。

表 1-2 周销售报表示例

百货公司周销售报表（单位：美元）							
员工编号	级别	部门	周销售额	工作时间	基本工资	提成	薪水总额
00001	AM	男装部	4 000.00	8.0 小时	160.00	72.00	232.00
00003	S2	化妆品部	456.76	2.5 小时	30.00	0.48	30.48
00004	S1	家居用品部	450.98	3.0 小时	36.00	0.00	36.00

周销售报表总结了员工的销售表现，这个报表详细说明了员工的编号、级别、所属部门、周销售额、工作时间、基本工资、提成和薪水总额。每周初，把每个销售人员上一周的销售额和工作时间输入周销售工作表，而基本工资、提成和薪水总额需要参考表 1-1 中的相关参数进行如下计算获得：

基本工资＝时工资×工作时间

提成＝（周销售额－时销售任务×工作时间）×分成率

薪水总额＝基本工资＋提成

基本工资公式利用销售员工的销售级别来检索适当的时工资，然后把时工资乘上工作时间，使用 VLOOKUP 函数把基本工资等级算法编入基本工资。提成公式由相应的提成率和基于这个提成率的销售额部分来计算。因为提成公式包括查找和计算，需要把 VLOOKUP 函数嵌套进去。

现有百货公司上个星期的部分销售人员工作情况的记录，如表 1-3 所示。

表 1-3 部分销售人员上星期的工作情况

员工编号	级别	部门	周销售额（美元）	周工作时间（小时）
00001	AM	男装部	20 000.00	40.0
00002	PT2	男装部	50 326.15	40.0
00003	S2	化妆品部	2 283.80	12.5
00004	S2	家居用品部	2 254.90	15.0
00005	AM	餐饮部	3 253.75	30.0
00006	PT1	鞋类与箱包	1 253.90	20.0
00007	PT1	儿童部	7 500.00	20.0

续表

员工编号	级别	部门	周销售额（美元）	周工作时间（小时）
00008	S1	儿童部	0	0
00009	PT1	男装部	2 500.00	20.0
00010	PT1	儿童部	7 014.90	20.0
00011	PT2	化妆品部	0	0
00012	S2	儿童部	4 365.40	25.0
00013	S1	鞋类与箱包	22 503.35	25.0
00014	S1	化妆品部	1 781.30	37.5
00015	S1	家居用品部	7 501.25	25.0
00016	PT1	女装部	1 250.00	20.0
00017	PT1	鞋类与箱包	7 348.90	25.0
00018	PT2	鞋类与箱包	37 510.15	10.0
00019	S1	化妆品部	0	0
00020	AM	家居用品部	4 452.35	40.0
00021	PT2	鞋类与箱包	0	0
00022	PT2	化妆品部	5 000.00	25.0
00023	S1	儿童部	5 500.00	30.0
00024	AM	女装部	6 010.10	60.0
00025	PT2	儿童部	999.95	20.0
00026	S1	家居用品部	4 012.30	40.0
00027	S1	餐饮部	250	40
00028	S2	餐饮部	7 514.80	20.0
00029	PT1	家居用品部	0	0
00030	AM	鞋类与箱包	12 500.00	60.0
00031	PT2	家居用品部	0	0
00032	S1	男装部	0	0
00033	S1	男装部	0	0
00034	S2	餐饮部	984.45	5.0
00035	S2	男装部	0	0
00036	PT1	女装部	1 253.75	10.0
00037	S1	餐饮部	4 253.15	32.5
00038	PT1	餐饮部	1 256.80	15.0
00039	S1	鞋类与箱包	0	0
00040	AM	儿童部	11 995.00	60.0
00041	PT2	男装部	7 733.90	40.0
00042	PT2	餐饮部	9 540.00	40.0

续表

员工编号	级别	部门	周销售额（美元）	周工作时间（小时）
00043	S2	男装部	10 798.45	60.0
00044	S2	女装部	0	0
00045	S1	女装部	4 106.80	35.0
00046	PT1	女装部	1 729.80	10.0
00047	AM	化妆品部	8 830.00	50.0
00048	S2	女装部	0	0
00049	S2	男装部	0	0
00050	S1	女装部	1 172.25	32.5
00051	S1	鞋类与箱包	0	0
00052	PT2	化妆品部	11 125.00	40.0

请根据上述描述和数据，完成下列任务：

（1）采用 Excel 建立一个符合案例情景描述要求的工作表。

（2）销售报表需要统计销售额、基本工资、提成、薪水总额和薪水总额的总计、平均值、最小值和最大值。

（3）应用数据透视表分析销售数据，并比较下列情况：不同部门的销售情况；不同部门、不同级别的提成；不同部门、不同级别的薪水总额。

（4）采用 Excel 提供的各种分析工具，回答以下问题：

①上周哪位销售代表得到了最高的提成？

②如果销售人员至少应该完成他的销售任务的 50%，哪些销售人员没有完成这个目标？

③对于每一个部门，哪位销售人员的销售额最高？

④平均来说，销售人员在多大程度完成了销售任务？

⑤按照销售职位分类，基本工资、提成和薪水总额分别是多少？

⑥哪一个部门的销售人员完成销售任务的情况比其他部门要好？

本章小结

人类进入了信息时代，信息管理的水平已经成为衡量一个国家综合实力的重要标志。正是在这样的背景下，取得竞争优势的动机驱使企业和社会加快建立相应的管理信息系统。管理信息系统主要表现在它是面向管理决策的、对组织管理业务进行全面管理的综合性人机系统，是现代管理方法与手段相结合的系统，是对组织的全部管理职能和整个管理过程进行综合管理的信息系统。管理信息系统从产生到现在的发展历程，经历了电子数据处理系统、管理信息系统、决策支持系统等阶段。管理信息系统的应用与企业的环境和内部条件密切相关。它是为管理服务的，它的开发和建立是企业摆脱落后的管理方式、实现管理现代化的有效途径。

习 题

1. 试述管理信息系统的定义和功能。
2. 试述管理信息系统的发展历程。
3. 试分析早期管理信息系统失败的原因。
4. 为什么说管理信息系统既是一个技术系统，又是一个社会系统？
5. 认真阅读教材，思考并区分以下几组概念：
(1) 手工管理系统是不是也可以被认为是一个信息系统？
(2) 信息系统和管理信息系统有什么区别？
(3) 电子商务与信息系统有何联系？
(4) 计算机软件与信息系统有何区别？

第 2 章

管理信息系统的技术基础

【案例导入】

互联网上的“掌声”

公元 7 世纪，随着东罗马帝国的日渐衰落，皇帝厄拉克利斯（Heraclius）决定会见蛮族君王。厄拉克利斯想威慑他的敌人，但他知道每况愈下的罗马军队已雄风不再，于是他临时雇了一批人来壮大他的军队。这帮临时演员的任务主要是以鼓掌来造势。厄拉克利斯的虚张声势战术虽然没能挽救一个不断衰亡的帝国，但这件事却给罗马帝国和人类历史上最早最普遍的互动方式作了一个恰当的注释——鼓掌是沟通，它成为一种力量。弱小的人类通过双手发出的“雷鸣”，重塑了自然界中的隆隆作响和噼里啪啦。

今天的鼓掌与那时大致相同。简言之，我们找到了作为群体来表达自己的方式。信息时代，我们利用互联网的便利资源，在“无手”世界里对鼓掌进行革新。我们互动、点赞、分享，我们以鼠标和按键制造了一波又一波“喜欢”，成为席卷互联网世界的浪潮。在互联网这个大“戏院”里，我们通过参与也成为出场的一员。我们的鼓掌就是这“整体景观”的一部分。而在许多层面上，我们的鼓掌更有意义了。因为它们不再是昙花一现的事物。它们自身就是表演，它们包含的赞扬得以保持，它们的韵律被写在磁道上，它们的方式被分析和开发。它们传达出远多于拍手动作本身的信息。我们发出的喝彩鸦雀无声，却又如雷贯耳。（选自《大西洋月刊》，作者：梅根·加伯）

信息技术是管理信息系统的基础，只有把信息技术与管理结合起来，才能真正发挥管理信息系统的作用。与管理信息系统有关的信息技术主要包括数据组织技术、数据库技术和计算机网络技术等。管理信息系统能将组织中的数据和信息集中起来，进行快速处理，统一使用。计算机网络是信息共享的基础，数据库是信息的战略储备和有效供给的机构，组织协调则为管理信息系统的有效运行提供了保障。因此，计算机网络、数据库和组织协调是管理信息系统的三大支柱。

第一节 数据处理与组织

一、数据处理

数据处理是指把来自科学研究、生产实践和社会经济活动等领域中的原始数据，用一定的设备和手段，按一定的使用要求，加工成另一种形式的数据的过程，它包括对数据进行查找、插入、删除、合并、排序、统计以及简单计算等操作。进入20世纪80年代以来，计算机用于数据处理的时间达到80%以上，比如使用Excel进行数据筛选、分组和排序等操作。

数据处理的目的可归纳为以下几点：把数据转换为便于观察分析、传送或进一步处理的形式；从大量的原始数据中抽取部分数据，推导出对人们有价值的信息以作为行动和决策的依据；利用计算机科学地保存和管理经过处理（如校验、整理等）的大量数据，以便人们能方便而充分地利用这些宝贵的信息资源。

1. 问题提出

数据处理是管理活动的最基本内容，也是管理信息系统的基本功能。数据处理一般不涉及复杂的数学计算，但要求处理的数据量很大。因此，进行数据处理时需要考虑以下几个方面的问题：

（1）采用何种数据结构才能有利于数据的存储和取用。这是如何组织数据的问题。

（2）数据以何种方式存储于计算机中。这是如何存储数据的问题。与上一问题共同构成了数据结构的问题。

（3）采用何种方法从已组织好的数据中检索数据。这是如何查找数据的问题，即数据库与数据仓库的问题。

2. 数据处理的基本内容

由上述分析可知，数据处理包括输入、处理、输出等内容。

（1）数据的输入。数据输入包括数据的收集和转换，即通过对数据的采集、转换和整理后，成为计算机可以识别的数据。数据的输入过程中，首先根据系统自身的需求和用户的需要收集相关数据，然后为使收集的信息适用于计算机处理，将实际数据转换为代码表述。

（2）数据的组织。选择适当的技术去组织数据，是进行信息管理过程中最重要的一点。数据的组织包括物理组织和逻辑组织，前者是面向机器（存储设备）的，后者是面向用户应用需求的。具体地，将具有某种逻辑关系的一批数据组织起来，按一定的存储表示方式配置在计算机的存储器中，目的是使计算机处理时能够符合速度快、占用存储器的容量少、成本低等多方面的要求。

（3）数据的运算。数据的运算除了常见的算术运算和逻辑运算外，还包括数据的筛选、分组、排序、检索等内容，可使用 Excel、Access 或其他数据库软件来处理完成。如果数据能够在限定的时间内被检索和处理，就能够产生价值，成为有用的信息。

（4）数据的输出。数据输出是计算机对各类输入数据进行加工处理后，将结果以用户所要求的形式输出。输出设备一般有打印机、数控绘图仪及扫描装置等，输出格式有表格、图形等。

二、数据组织

数据组织是按照一定的方式和规则对数据进行归并、存储、处理的过程。在计算机系统中，数据的组织有一个层次体系，在该层次体系中分为位、字符、数据元、记录、文件和数据库等六层，每一后继层都是其前驱层数据元组合的结果，最终实现一个综合的数据集合。处于第一层的“位”用户是不必了解的，而其他五层则是用户输入和请求数据时必须要掌握的。

1. 数据结构

数据结构是计算机信息处理中的一个重要概念，是计算机存储、组织数据的方式。数据结构是指相互之间存在一种或多种特定关系的数据元素的集合，包括数据的逻辑结构、存储结构和数据的运算三个组成部分。通常情况下，精心选择的数据结构可以带来更高的运行或存储效率。

数据的逻辑结构是指数据间的逻辑关系，主要包括以下四类基本结构：

（1）集合结构。该结构的数据元素间的关系是“同属于一个集合”，比如广场上看灯的人群。

（2）线性结构。该结构的数据元素之间存在着一对一的关系，比如班级点名册（线性表）、一摞盘子（栈）、排队取钱（队列）、一串糖葫芦（串）等。

（3）树型结构。该结构的数据元素之间存在着一对多的关系，比如一个组织的层级结构、硬盘的存储目录等。

（4）图形结构。该结构的数据元素之间存在着多对多的关系，亦称网状结构，比如交通线路、某专业教学课程关系等。图形结构多用于生产流程、施工计划、各种网络建设等问题的研究。

通过上述介绍可知，数据的逻辑结构由两个要素构成：一是数据元素的集合；二是关系的集合。

数据的物理结构亦称存储结构，是指数据元素在计算机存储器中的存储方式，包括数据元素的表示和关系的表示两部分。一般有顺序存储和非顺序存储（链接存储、索引存储、散列存储）两种方式。同一种逻辑结构采用不同存储方式可以得到不同的数据结构，如线性表以顺序存储方式存储时得到顺序表，以链接存储方式则得到链表。

数据的运算是在数据的逻辑结构上定义的操作算法，如检索、插入、删除、更新和排序等。对每一个数据结构而言，必定存在与之密切相关的一组操作或算法。算法的设计取决于数据的逻辑结构，而算法的实现依赖于数据采用的存储结构。

2. 数据文件

在信息系统中，数据组织一般采用文件组织和数据库组织。把数据按某种数据结构组织起来存放在外部设备上，就构成数据文件。一般来说，数据文件是为某一目的而形成的同类记录的集合，记录是文件中数据组织的基本单位，由若干个数据项组成，数据项又是数据处理的最小单位。如表 2-1 所示，某单位职工工资单用于描述事物的总体，而其中的每个个体的情况就是其中的一条记录，数据项描述的则是个体的若干属性，如姓名、基本工资等。

表 2-1 某单位职工工资单

职工代码	姓名	基本工资	附加工资	扣款	实发工资
30026	张三	1 000	600	30	1 570
30027	李四	1 200	650	40	1 810
30028	孙二	1 400	700	40	2 060

每个数据项都有一个代表着事物某一方面属性的名称，同时相对于每条记录，还有一个代表这方面属性的值。例如表 2-1 中，对于属性名为“姓名”的数据项，具体到一个个体就对应着一个数据项的值，如“张三”。记录中能唯一标识该记录的数据项称为主键，用于鉴别和搜索记录，例如在表 2-1 中，可以把“职工代码”作为主键，可对记录进行插入、添加、删除、修改等操作。文件系统是数据处理的主要方式，建造容易，使用灵活，处理速度快，特别适合单项业务系统使用，如财务、库存等管理系统。

3. 数据库

数据库是比文件系统更高级的一种数据组织方式。在文件系统中，文件由记录构成，通过记录之间的组织方式描述应用领域的数据及其关系，数据的存取以记录为单位。由于文件系统的结构只限于记录内部，因而仅能适用于单项应用的场合。

对于一个组织的管理信息系统而言，要求从整体上解决问题，不仅要考虑某个应用的数据结构，而且要考虑全局数据结构。为了实现整个组织数据的结构化，要求在数据组织结构中不仅能够描述数据本身，而且要能描述数据之间的关系。因而在复杂的管理信息系统中，应采用数据库组织数据。

【延伸阅读】

结绳记事

上古无文字，结绳以记事。《易·系辞下》记载：“上古结绳而治，后世圣人易之以书契。”结绳记事在上古时期的中国、秘鲁、印地安皆使用过，在现代一些没有文字的民族中依然在沿用。正所谓“事大，大结其绳；事小，小结其绳，之多少，随物众寡”（《易九家言》），对于古代人来说，这些大大小小的结则是他们用来回忆过去的唯一线索。

值得一提的是古代印加人的奇普（Quipu 或 khipu）。奇普是由许多颜色的绳结编成的。它是一种保存记忆的设备，即一种个人化的记忆辅助工具，又是一种纺织品算盘，更是一种与众不同的三维立体书写体系。这种结绳记事的方法已经失传，目前还没有人能够了解其全部含义。

第二节　数据库技术

数据是重要的组织资源，它同企业其他资源，如劳动力、原材料、资金和设备等一样，应放在同等重要的位置上进行管理。许多组织正是由于缺少关于企业内部运作和外部环境的高质量的信息，因而在竞争中失败。所以管理者应当重视并参与企业的数据资源管理实践，并应用信息技术和管理工具实现组织数据资源的管理。广义的数据资源管理包括三个方面：文件组织、数据库及数据仓库、数据规划和数据管理。

一、数据库系统

数据库系统由数据库（Database，DB）和数据库管理系统（Database Management System，DBMS）组成。这两部分有机地结合在一起，才能很好地进行数据的输入、存储、处理、管理和使用。

1. 数据管理技术的发展历程

数据管理是指对数据的组织、存储、检索和维护，是数据处理的中心环节。数据管理主要围绕提高数据独立性、降低数据冗余度、提高数据共享性、提高数据安全性和完整性等方面来进行改进，使使用者能有效地管理和使用数据资源。利用计算机进行数据管理主要分为三个阶段：手工管理阶段、文件系统管理阶段和数据库系统管理阶段。

（1）手工管理阶段（20 世纪 50 年代以前）。这个阶段最基本的特征是无数据管理及完全分散的手工方式。这个时期，计算机主要用于科学计算。从硬件看，没有磁盘等直接存取的存储设备；从软件看，没有操作系统和管理数据的软件，数据处理方式是批处理。

这个阶段数据管理的特点是：数据不保存；没有对数据进行管理的软件系统；没有文件的概念，一组数据对应于一个程序；数据是面向应用的，导致程序和程序之间有大量重复的数据。

（2）文件管理阶段（20 世纪 50 年代后期到 60 年代中期）。这个阶段的基本特征是有了面向应用的数据管理功能，工作方式是分散的、非手工的。这个时期，计算机不仅用于科学计算，而且还大量用于管理数据。从硬件方面，有了磁盘、磁鼓等直接存取的存储设备；在软件方面，操作系统中已经有了专门用于管理数据的软件，称为文件系统。

这个阶段数据管理的特点是：数据需要长期保存在外存储器上供反复使用；程序之间有了一定的独立性，但还很不充分；每个文件仍然对应于一个应用程序；数据还是面向应用的。文件的形式已经多样化，但各个不同应用程序之间不能共享相同的数据，从而造成数据冗余度大，并容易产生相同数据的不一致性。

（3）数据库系统管理阶段（20 世纪 60 年代后期）。这一阶段是为解决多用户、多应用共享数据的要求，使数据为尽可能多的应用程序服务。这个时期，大容量磁盘已经出现，硬件价格大幅下降，软件价格在系统中的比重日益上升；同时数据量急剧增大，对数据共享的要求越来越迫切。

这个阶段数据管理的特点是：采用复杂的结构化的数据模型，数据库系统不仅要描述数据本身，还要描述数据之间的联系；数据与程序独立；数据冗余度小，易于扩充；统一的数据控制功能。

2. 数据库系统的构成

数据库是以一定的组织方式存储在一起的相关数据的集合。它能以最佳的方式、最少的数据冗余为多种应用服务，程序与数据具有较高的独立性。数据库系统是由计算机系统、数据库、数据库管理系统和有关人员组成的具有高度组织的总体。

数据库管理系统是允许一个组织集中数据、有效地管理数据和提供应用程序对存储的数据进行访问的软件，它是应用程序和物理数据文件之间的接口。一个数据库管理系统由数据定义语言、数据操纵语言和数据字典三部分组成。

（1）数据定义语言。数据定义语言（Data Definition Language，DDL）是程序设计人员使用说明数据库内容和结构的形式语言。在数据元素被翻译成应用程序所需要的形式之前，数据定义语言负责定义每一个将在数据库中出现的数据元素。一般由数据库的建立、修改、删除三种语法构成。

（2）数据操纵语言。大多数数据库管理系统具有称为数据操纵语言（Data Manipulation Language，DML）的专门语言，它用来和一些常规的第三代或第四代程序设计语言连接，处理数据库中的数据，比如添加、删除、修改、排序、检索等操作。这种语言包括允许用户和程序设计专家从数据库中获取数据来满足信息需求和开发应用的命令。当今最为著名的数据操纵语言是结构化查询语言（Structured Queery Language，SQL）。

（3）数据字典。数据字典（Data Dictionary，DD）是一个自动化或人工文件，它存储着数据元素和数据特征的定义，例如，使用、物理表示、所有权、授权和安全性等。许多数据字典可以产生数据使用、数据分组和程序定位等列表和报告。

数据字典最重要的作用是作为分析阶段的工具。在结构化分析中，数据字典的作用是给数据流图上每个成分加以定义和说明。换句话说，数据流图上所有成分的定义和解释的文字集合就是数据字典，而且在数据字典中建立的一组严密、一致的定义有助于改进分析员和用户的通信。

大多数数据字典总体上是被动的，它只简单地提供报告。更为高级的类型是主动的数据字典，在该字典中的改变可以被相关的程序自动利用。如要把某城市的电话号码从 7 位升为 8 位，便可以简单地在数据字典中输入改变而无须修改和重新编译所有使用电话号码的应用程序。

3. 数据库模型

建立一个企业组织的数据库，首先应该建立组织的数据库模型。该模型能使数据以记录的形式组织在一起，综合反映企业组织经营活动的各种业务信息，它既能使数据库含有各个用户所需要的信息，又能在综合过程中除去不必要的冗余信息。其次，该模型能反映企业组织中各部门业务信息所存在的内在联系，这种联系可能是错综复杂的网络状，也可能是有从属联系的层次状，总之要用一定的数据结构，把它们反映出来，以使数据能从面向用户的逻辑关系转化成计算机的存储结构，反之亦然。由于数据库中数据的存取由 DBMS 提供的功能实现，因此建立企业组织的数据库模型必须与 DBMS 所提供的数据模型相一致。

目前，DBMS 所提供的数据库模型主要有三种：层次模型、网络模型和关系模型。

（1）层次模型。层次模型以树状结构把数据呈现给用户，如图 2-1 所示。它由一个单个的根段（雇员）和较低层的子段（工资、工作分配和利益）联结。每一个从属的段又跟下一层的子段相联结。在这里，“工资”和“表现等级”以及“薪水历史”联结，“利益”和“退休金”“寿险”“健康”联结。

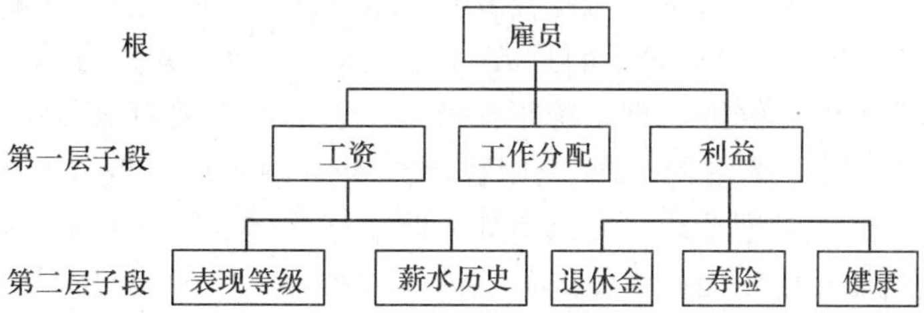

图 2-1　层次模型

层次模型是数据库系统的先驱，是一种有根结点的定向有序树。其代表产品是 IBM 公司在 1969 年研制出的层次模型数据库管理系统。

（2）网状模型。网状模型描绘的是“多对多”的数据逻辑关系。也就是说，一母可以有多子，一子也可以有多母。如图 2-2 所示，大学里“学生—课程”关系就是典型的网状数据关系。

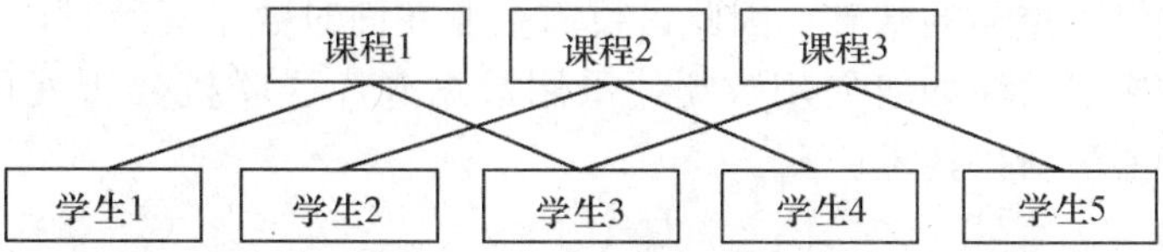

图 2-2　网状模型

网状模型是数据库概念、方法和技术的奠基，该模型对于层次和非层次结构的事物都能比较自然地模拟，因而获得普遍使用，并在数据库的发展史上占有重要地位。1961 年美国通用电气公司开发成功第一个数据库管理系统 IDS（Integrated Data Store，集成数据存储），就是网状数据模型。

（3）关系模型。关系模型以“关系”二维表格来表现数据库中的所有数据。该表格类似于扁平的文件。如表 2-2 所示，某机构向几家供应商购买办公用品的订单即为一个“关系”。关系模型的最大优势在于，只要两个表共享一个公共的数据元素，它就可以把任何一个文件或者表中的数据和在另一个文件或表中的数据关联起来。

表 2-2 某订单文件

订单号	订单日期	送货日期	商品号	商品数量	订单总额
5833	031212	031225	0136	50	1 000.00
5834	031215	031226	0168	100	500.00
5835	031216	031230	0197	200	600.00

1970 年，IBM 公司的研究员 E. F. Codd 在题为《大型共享数据库数据的关系模型》中提出了数据库的关系模型，为关系数据库技术奠定了理论基础。到 20 世纪 80 年代，几乎所有新开发的数据库系统都是关系型的。关系数据库系统的出现，促进了数据库的小型化和普及化，使得在微型机上配置数据库系统成为可能。

值得注意的是，数据模型重在数据结构（数据的型），而不是指具体装入了什么数据（数据的值），所以数据模型表示的是数据库的框架，即数据库的模式（逻辑模型）。

目前，面向对象的数据库管理系统正在流行。它们可以被用来管理各种多媒体成分或管理在 Web 网应用中使用的 Java 应用程序。Web 网应用一般要从各种来源集成信息。面向对象的数据库管理系统对存储诸如递归数据这样的数据类型也很有用。金融贸易和电子政务应用常常使用面向对象的数据库管理系统，因为他们需要容易改变以对新的政治、经济及社会条件作出反应的数据模型。

二、数据仓库技术

由于企业面临的商业竞争日趋激烈，企业的决策任务越来越重，决策频率越来越高，多数企业都开始重视信息的策略性价值，重视数据分析。同时，随着信息技术在企业的广泛应用，企业通过传统的文件方式和数据库系统存储并积累了大量数据，也为数据分析和利用提供了重要的基础。因此，目前企业在面对数据资源时，不再是简单地处理数据，而是更多地关注如何使用数据，采用数据仓库、联机分析处理（OLAP）、数据挖掘和商业智能等新兴技术。

1. 数据仓库

数据仓库（Data Warehouse）的最终目标是把企业范围内的所有数据集成在一个大仓库中，让用户能运行查询、产生报告、执行分析。数据仓库之父 W. H. Inmon 在 1991 年出版的《Building the Data Warehouse》一书中指出，“数据仓库是一个面向主题的（Subject Oriented）、集成的（Integrated）、非易失的（Non-volatile）、随时间变化的（Time Variant）的数据集合，用于支持管理决策”。按这个定义，数据仓库应该是一个大的数据集合；数据仓库的目标是支持企业的管理决策；数据仓库的数据存储和组织方式是面向分析主题的，即根据分析主题的需求把所有相关数据组织在一起；数据仓库中的数据内容不再是零散或细节的，而是集成和综合的，已经消除了数据在表达上和含义上的不一致性；由于数据仓库中的数据加上了时间维度，数据修改的可能性就很小（除非后来发现把某个时间点的数据输错了），几乎不使用传统数据库的 update 操作，因此数据仓库是非易失的；正是由于数据仓库中所有基础数据都是针对某时间点的，随着时间的变化，不断需要载入新的数据，或者淘汰旧的数据，因此是随时间变化的。

数据仓库的数据来自许多不同的业务数据库，如图 2-3 所示，并按主题进行数据组织。数据仓库的数据导入一般需要 ETL（Extract-Transform-Load，即数据抽取、转换、装载）工具，ETL 过程包括数据抽取、转换、清洗、装载等环节，最终按照预先定义好的数据仓库模型，将数据加载到数据仓库中去。

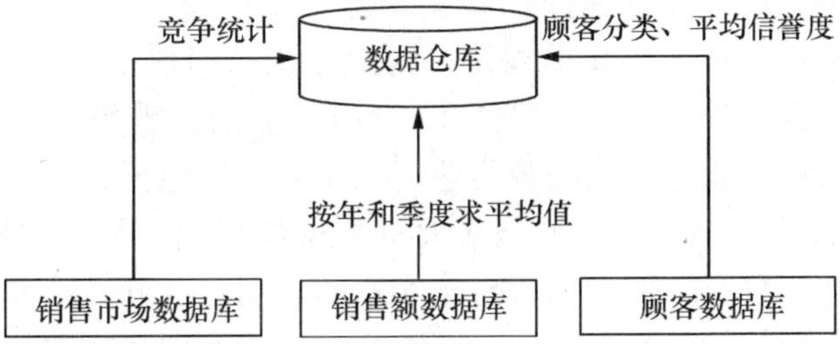

图 2-3　数据仓库源于业务数据库

因为数据仓库的数据几乎没有 update 操作，数据可以冗余，所以数据仓库中的数据都会分层综合，一般包括原始数据、初步综合数据、中度综合数据、高度综合数据。因此，数据仓库形成尽量保证在数据分析过程中不用重新从细节数据开始统计，而是直接查找到相关数据，节约数据分析的处理时间，快速支持企业的管理决策。

2. 联机分析处理

联机分析处理（On-Line Analytical Processing，OLAP）是关系数据库的奠基人E. F. Codd 于 1993 年提出来的，主要是对大量多维数据的动态综合、分析和归纳。OLAP 中的一个主要操作是“多维分析”，即通过对信息的多种可能的观察形式进行快速、稳定、一致和交互性的存取，允许管理决策人员对数据进行深入分析。OLAP 目前广泛用于市场和销售分析、网站点击率分析、数据库营销、预算、财务报告与整合、管理报告、利益率分析、质量分析等各种领域。

多维分析是在“多维视图”的基础上进行的，多维视图是多维度的立体结构，即它们包含了若干层的行和列，数据的表示用不同层次中的不同维度表达，表示数据的多维度信息图称为超立体结构（Cube）。

OLAP 多维分析包括针对多维视图的各种操作，例如切片和切块（Slice and Dice）、钻取（Drill）、旋转（Rotate）/转轴（Pivot）等。在多维视图中，如果某个维度上的取值选定了一个固定值，原视图就降低了一个维度，可能就把原来的三维视图变成了二维视图、四维视图变成了三维视图，即进行了切片操作；如果某个维度上的取值范围缩小到一个区间，原视图的维度没有降低，但内容减少了，这就是切块操作。多维视图中每个维度的取值可以是分层的，例如时间维的取值可以按年、季、月、日、时等分层次。

钻取就是按某个维度上的不同取值层次变换多维视图，钻取包含向下钻取（Drill-down）和向上钻取（Drill-up）/上卷（Roll-up）操作，钻取的深度与所划分的层次相对应。通过对多维视图中各个坐标的旋转变化可以得到不同视角的数据。

3. 数据挖掘

数据挖掘（Data Mining）是从大量数据中自动发现隐藏的有用信息的过程，是从大量数据中挖掘“宝藏”的过程，因此有时称为“数据库中的知识发现”，有数据准备、规律寻找、规律表示等三个步骤。发现的信息可能包括行为模式、数据关联、变化趋势、异常情况和有意义的结构等。从应用角度，数据挖掘是一种透过数据模式来分析企业内储存的大量资料，以找出不同的客户或市场划分，分析出消费者喜好和行为的方法。

数据挖掘和联机分析处理都是使用数据仓库数据的重要工具。但 OLAP 工具主要是展现数据，启发数据分析人员找出规律，得出结论；而数据挖掘可以不用人工参与，主要靠计算机自动发现规律。数据挖掘广泛应用于电信、零售、农业、网络日志、银行、电力、生物、天体、化工、医药等行业。其主要方法包括如下几种：

（1）分类（Classification）。分类是从大量数据中找出不同类别对象的特征，从而对新加入对象进行自动分类。例如银行会按客户的信用程度分类，数据挖掘能找出各类客户的数据特征，以后就能快速判断一个新客户的信用类别；分类数据挖掘还可用于预测可能流失投奔竞争对手的客户，预测天文望远镜照片上黯淡的点是否为天体等。

（2）聚类（Clustering）。聚类是根据数据特征对数据对象进行自动归类，“聚类”与前面“分类”的不同之处：“分类”预先知道应该分成哪几类，而“聚类”在操作之前并不知道数据可以分成哪些类别。例如，通过聚类操作可以将超市的客户划分成互不相交的客户群，以后超市可以为不同的客户群推荐不同的目标商品。

（3）关联规则发现（Association Rule Discovery）。关联规则发现是在大量数据中找出有关联的数据，或者找出同时发生的事件。关联规则发现的典型应用是在超市的交易数据中发现哪些商品可能会被同时购买，从而寻找哪些商品捆绑销售能够有足够多的受众。

（4）时序模式发现（Sequential Pattern Discovery）。时序模式发现主要寻找事件发生的时序关系，例如通过对超市数据的跟踪和分析，可能会寻找出时序模式：“如果客户购买了电视，几天后他又买了摄像机，那么他在一个月内购买录像机的概率为 50%。”

当前，数据挖掘领域比较常见的算法主要有 BP 神经网络、遗传算法、决策树、关联规则、模糊聚类、支持向量机、粗糙集、孤立点分析、Bayes 网络等，要实现不同的数据挖掘功能需要采用相应的合适算法。

【延伸阅读】

海量数据的挑战

据 2010 年 1 月初《纽约时报》报道，美国零售业目前最大的特点是数据爆炸。数据之所以“爆炸”，直接原因是近年来各大零售商的数据搜集意识和信息整合能力大大提高了。比如，无线射频技术（RFID）在零售业的应用，不仅提高了数据采集的粒度，还增强了数据的实时性和准确性，极大地推动了零售行业数据量的增长。《纽约时报》说，由于观念的改变和新技术的采用，在过去3年里，个别零售商的数据量甚至增加了5倍。

不仅在零售业，随着网络技术的发展以及互联网应用的不断深化，更多的企业数据面临空前的海量管理和价值提取的难题。据IBM预测，截至2020年，每人的“信息足迹”将从目前的每年1TB增长到2020年的16TB。同时，根据Gartner的数据显示，2006年至2008年，存储产品的价格下降了30%左右。但是通过Gartner对客户进行的一项调查发现，没有一家企业认为今年其存储预算会有所减少；67%的客户预计，他们在存储硬件上的预算会增加；64%的受访者认为，存储软件的预算也会相应增加。这就说明，更多的企业在搜集、存储、管理着急剧增长的数据。如何应对海量数据的挑战，如何提高他们的存储效率和效果，这是目前亟须解决的一个问题。

同时，我们使用计算机进行的数据挖掘也正在发生一些重要变化。过去，机器学习算法用来分析历史数据，经常能够揭示一些人们很难发现的趋势或模式，比如可以通过挖掘信用卡数据来发现一些欺诈模式。目前，研究人员开始应用一些算法去分析记录个人活动、谈话、动作的实时数据，以期改善人们的健康问题，疏导交通，推动对人类行为的科学理解。同时，新算法也旨在解决在数据共享和集成过程中出现的一些隐私问题。

第三节　计算机网络与通信

管理信息系统是一个开放的大系统，各管理部门之间有着纵横交错的联系，在管理活动中有各种数据信息（包括文字、声音、数据、图像等），需要从一个地点向另一个地点传送。所以通信技术是管理信息系统的支撑技术，通信网络是管理信息系统的神经系统。

一、概念

所谓通信就是信息的传输与交换，信息可以是语音、文字、符号、音乐、图像等。任何一个通信系统，都是从一个称为信息源的时空点向另一个称为信宿的目的点传送信息。不同的通信系统有相同的模型，由于采取不同的输入编码技术、传输技术，从而导致传输距离、速度及传输的可靠性各不相同。

1. 计算机通信网络系统的定义

近年来，计算机技术和通信技术迅猛发展，相互渗透而又密切结合。一方面，计算机技术应用到通信领域，改造更新旧的通信设备，大大提高了通信系统的性能，促进了通信由模拟向数字化并最终向综合服务的方向发展。另一方面，通信技术又为多个计算机之间信息的快速传输、资源共享和协调合作提供了必要的手段，促进了计算机网络的发展。

当前，人类社会正在进入信息社会，处理信息的计算机和传输信息的互联计算机网络成为信息社会的基础。计算机网络是现代计算机技术与通信技术密切相结合的产物，是随社会对信息共享和信息传递的要求而发展起来的。

如今许多企业都在努力运用信息技术，在互联网（Internet）平台上建立了支持企业经营业务的内部网（Intranet），跨越企业边界建立了企业外联网（Extranet），将企业分布在世界各地的顾客、供应商、分销商、零售商联系在一起。而且通过防火墙阻止外部企业对企业内部网的非授权访问与侵犯，以保护内部网上的信息。

计算机通信网络就是利用通信设备和线路将地理位置不同、功能独立的多个计算机系统互联起来，以功能完善的网络软件（包括网络通信协议、信息交换方式及网络操作系统等），实现网络中资源共享和信息传递的系统。

计算机网络完成数据处理与数据传输两个任务，从结构上可分为资源子网和通信子网两个部分。通信子网负责数据的通信，由通信控制处理机、通信线路与其他通信设备组成，完成数据的传输、转发等功能；资源子网负责数据的处理，由主计算机系统、终端、终端控制器、联网外设和各种资源组成。

计算机网络通信系统是信息技术在当代商业中的一个重要组成部分，企业实现全球化战略时，将利用计算机网络通信与成千上万的顾客联系，与跨国度的企业组成贸易伙伴。

2. 计算机通信网络的演变和发展

20 世纪 50 年代，人们开始将彼此独立发展的计算机技术与通信技术结合起来，为计算机网络的出现做好了技术准备，奠定了理论基础。

（1）第一代计算机通信网络

第一代计算机通信网络实际上是以单个计算机为中心的远程联机系统，亦称面向终端的计算机网络。20 世纪 60 年代初期，美国航空公司的预订飞机票系统 SABRE I 就是这种远程联机系统的一个代表。

在远程联机系统中，随着所连接的远程终端个数的增多，主干中心计算机要承担的各终端间通信的任务也必然加重，使得以数据处理为主要任务的主干计算机增加了许多管理数据传输的额外开销，实际工作效率下降。由此出现了数据处理和通信的分工，即在主干计算机前面增设一个前端处理机（Front End Processor，FEP，亦称前端机）来完成通信的工作，而使主干计算机专门进行数据处理。

另一方面，若每台远程终端都用一条专用通信线路与主干计算机连接，则线路的利用率低，且随着终端个数的不断增大，通信费用将达到难以负担的程度。因此就在终端比较集中的地点设置一个终端控制器（Terminal Controller，TC）。这个 TC 通过低速线路将附近各终端连接起来，再通过高速通信线路与远程主干计算机的前端处理机相连。它可以利用一些终端的空闲时间来传送其他处于工作状态终端的数据，提高了远程线路的利用率，降低了通信费用。

典型的结构如图 2-4 所示。其中，M 代表调制解调器（Modem），是利用模拟通信线路远程传输数字信号所必须附加的设备。前端处理机和终端控制器也可以采用比较便宜的小型计算机或微型机来实现。

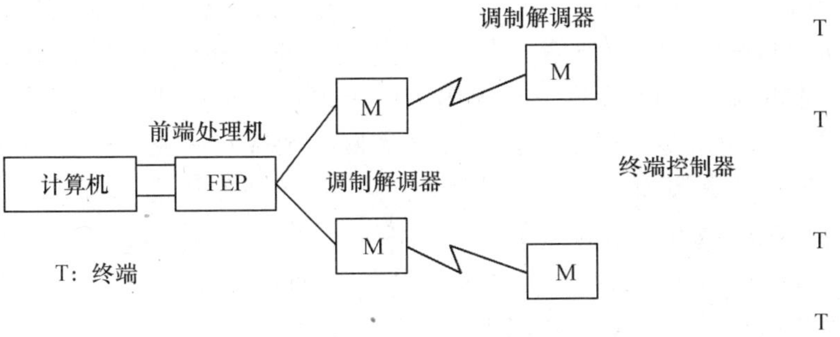

图 2-4　以单个计算机为中心的远程联机系统

（2）第二代计算机通信网络

第二代计算机通信网络是多个主计算机通过通信线路互连，为用户提供服务。这种由多个主计算机互连的网络才是目前所谓的计算机网络。第二代计算机通信网络的典型代表是 ARPA 网（ARPANET）。

20 世纪 60 年代后期，美国国防部高级研究计划署（Defense Advanced Research Projects Agency，DARPA）提供经费给美国许多大学和公司，以促进多个主计算机互联网络的研究。

ARPA 网中提出的一些概念和术语至今仍被引用。ARPA 网中互连的、运行用户应用程序的计算机称为主机（Host）。主机之间通信是通过称为接口报文处理机（Interface Message Processor，IMP）的装置转接后互连的。当某台主机上的用户要访问远程的另一台主机时，主机首先将信息送至本地直接与其相连的 IMP，通过通信线路沿着适当的路径经若干 IMP 中途转接后，最终传送至远程的目标 IMP，并送入与其直接相连的目标主机。这种方式类似于邮政信件的传送方式，叫做存储转发（Store and Forward）。

第二代计算机网络以通信子网为中心，用户共享的资源子网则在通信子网的外围。当前世界上已有大量的第二代计算机网络正在运行和提供服务，但是要把不同的第二代计算机网络互连起来十分困难。因此，计算机网络必然要向更新的一代发展。

（3）第三代计算机通信网络

第三代计算机通信网络是国际标准化的网络，它具有统一的网络体系结构，遵循国际标准化的协议。标准化将使不同类型的计算机能方便地互连在一起，标准化还将带来大规模生产、产品的超大规模集成化和成本降低等一系列的好处。

20 世纪 70 年代后期，人们认识到第二代计算机网络的不足后，已开始提出发展新一代计算机网络的问题。国际标准化组织（International Standards Organization，ISO）下属的计算机与信息处理标准化技术委员会经过若干年卓有成效的工作，由 ISO 制订并在 1984 年正式颁布了一个称为“开放系统互连基本参考模型”（Open System Interconnection Basic Reference Model）的国际标准 ISO7498。这里，“开放系统”是相对于第二代计算机网络中只能进行同种计算机互连的每个厂商各自封闭的系统而言的，它可以和任何其他同样遵循国际标准的系统通信而相互开放。该模型分为七个层次，有时也称为 OSI 七层模型。

最为成功的第三代计算机通信网络要算是世界上最大的计算机网 Internet，也称为国际互联网。它起源于 ARPA 网，是美国第一个提供分组交换技术的共用数据网，是由美国科学基金会 NSF 资助的。它把各个国家网、区域网连成一个覆盖全球的网络系统，提供丰富的共享资源和广泛的应用服务。Internet 所使用的 TCP/IP 也已被普遍采纳，是目前计算机网络事实上的标准。

当前，计算机网络正朝着无线移动网络的方向发展。Internet 和移动通信是目前 IT 技术中的两大热点技术，移动互联网正是在这两大热点技术结合下应运而生的。基于 Internet 的移动计算平台实际上是 Internet 平台的延伸。移动 Internet 计算平台也是以 TCP/IP 作为基础的，只是在无线 Internet 中移动分为两种情况：在同一 IP 子网蜂窝小区间的切换称为散步；在不同 IP 子网间的移动称为漫游。随着移动通信技术的进一步发展，无线网络的带宽以及传输速度都不断提高，同时随着 3G 的推广应用和 4G 技术的不断成熟，移动通信网络还将会加速发展。

【延伸阅读】

电子计算机的出现

1936 年，英国科学家阿兰·麦席森·图灵（A. M. Turing）在题为《论数字计算在决断难题中的应用》的论文中，给“可计算性”下了一个严格的数学定义，并提出了“图灵机”（Turing Machine）的设想。图灵机是一种十分简单但运算能力极强的计算装置，用来计算所有能想象得到的可计算函数。1946 年，美国普林斯顿研究院的冯·诺依曼（J. V. Neumann）博士在论文中提出，计算机可以使用二进制，计算机的指令和数据都可以存储在机内，并由此发明了世界上第一台电子计算机 ENIAC。之后，计算机技术获得飞速发展。

二、实现技术

一个最简单的计算机通信网由终端、远程通信处理器、远程通信通道和介质、计算机、网络通信控制软件等五类元素组成。无论现实世界中的网络多么大、多么复杂，都是这五类基本元素在工作并支持组织的远程通信活动。

1. 计算机通信网络的类型

按计算机网络的地理覆盖距离分类，可分为广域网（Wide Area Network，WAN）、局域网（Local Area Network，LAN）和城域网（Metropolitan Area Network，MAN）。

WAN 通信网络覆盖的区域相当广，可达几十千米到几千千米的范围，如一个省、一个国家乃至全球。这种网络是政府部门工作所必不可少的工具，也被制造业、银行、商业、运输业用于传送和接收他们的雇员、顾客、供应商等的信息。广域网是互联网的核心部分。

LAN 是在一个有限的区域内连接信息处理设备，例如一个办公室、一个机械制造厂等。LAN 可以使用各种通信介质，如传统的电话线、同轴电缆甚至无线系统来连接计算机工作站和计算机外围设备。LAN 可以经由通信处理器，即一个称为网关（Gateway）的接口，连接到 WAN 上，存取 WAN 的计算资源和数据库。LAN 是计算机网络中发展最快的一个分支，经过 20 世纪 60 年代的技术准备、70 年代的技术开发和 80 年代的商品化阶段，现在已经在企事业单位中发挥重要的作用，并正朝着多平台、多协议、异种机方向发展，数据传输速率和带宽不断提高。

MAN 覆盖几十千米范围内企业、单位的多个局域网互连而成的网络，是介于局域网和广域网之间的一种高速网络。在现代城市信息化发展的趋势下，城域网的发展较快。从技术角度来看，目前许多 MAN 采用的是以太网技术。由于 MAN 与 LAN 采用相同的体系结构，有时也常常并入 LAN 的范围进行讨论。

2. 计算机网络的拓扑结构

所谓拓扑是几何学的一个分支，是一种研究与大小、形式无关的线和面的特征的方法。运用拓扑学的观点来研究计算机网络的结构便称为网络的拓扑结构（Topology）。也就是说，它是用以研究网络上各个结点的物理布局的。所谓结点即网络中起到信息转换或信息访问作用的设备，起信息转换作用的结点如集中器、交换中心等，起信息访问作用的结点如终端、微机等。所谓链路指的是两个结点间的通信线路。

常见的网络拓扑结构分为点到点式和广播式两大类。

（1）点到点式网络拓扑结构

点到点式网络拓扑结构又称为存储转发通信子网。其结构方式为每根链路连接一对结点，这一对结点间彼此可以直接通信，但网络由多根链路组成，必然会产生结点间的非直接通信，即有的结点要通过某些中间的结点才能和其他结点通信，这样在每一中间结点处，接口报文处理器（Interface Message Processor，IMP）都需要将报文整个接收并存储，直到所要求的线路空闲时，再向前传输。点到点式网络拓扑结构又分为星型结构、环型结构、树型结构，如图 2-5 所示。

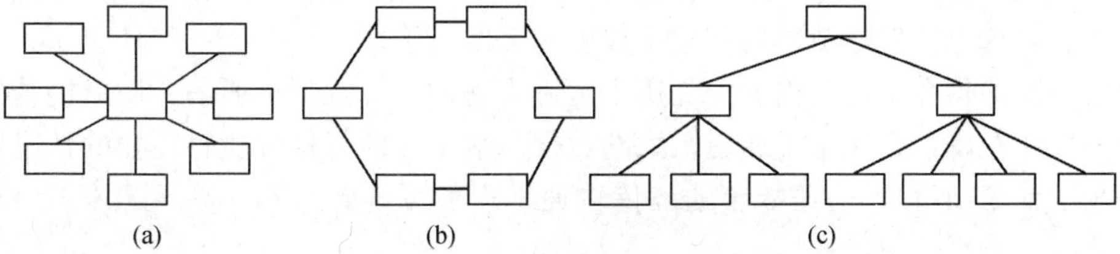

图 2-5　点到点式网络拓扑结构

其中，图 2-5（a）是星型结构，网络上的多个结点均以自己单独的链路与处理中心相连。这种网络结构简单，便于管理，从终端到处理中心的时延小，缺点是通信线路总长度长，因而花费在线路上的成本较高。图 2-5（b）是环型结构，网络上各个结点连接成回路，信息流是单向的，而线路是公用的，路径是固定的。这种网络结构通信总线路短，缺点是回路中任一结点有故障时会影响整个回路的通信。图 2-5（c）是树型结构，网络上结点之间的连接像一棵倒挂着的树，同一结点可和多个结点相连。这种结构通信线路总长较短，但结构较复杂，中心结点出故障时对整个网络有较大影响。

（2）广播式网络拓扑结构

广播式网络拓扑结构采用广播方式，即只有一条由所有结点共享的通信线路。随之而来的问题即是任意一个结点发出的报文都会由于共享一条线路而传送至其他所有结点。为避免这种混淆，报文中应当有一些说明信息，说明该报文的发往地，这时如果其他结点接到这些报文时就不予理睬。广播式网络拓扑结构分为总线式、卫星和无线电式两种，如图 2-6 所示。

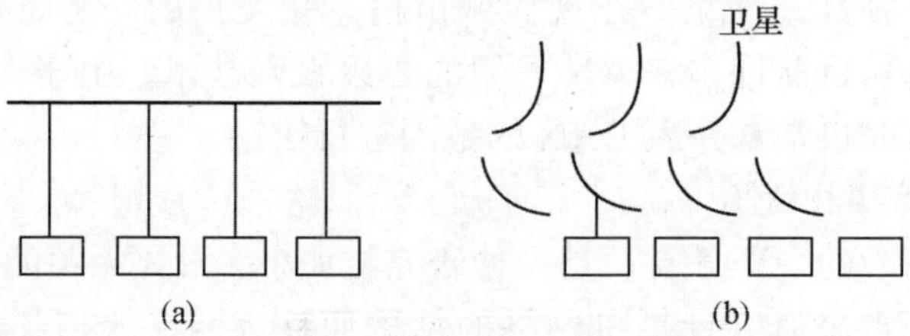

图 2-6　广播式网络拓扑结构

其中，图 2-6（a）是总线式结构。在总线式电缆网络中，任何瞬间仅只有一台机器是主机，可以发送信息。如果有两台机器同时需要发送信息，则需要有某种仲裁机制来解决可能引起的冲突。现在许多网络皆采用总线式网络拓扑结构。图 2-6（b）是卫星和无线电式结构，每个结点都有自己的发送和接收信息的天线，用以接收来自卫星或其他无线电的信息。这种结构适用于地理范围广阔的部门之间通信。

3. 通信介质

传输介质是通信网络中发送方和接收方之间的路径和物理通路。计算机网络采用的传输媒体可分为有线和无线两大类。双绞线、同轴电缆和光纤是常用的三种有线传输媒体；卫星通信、无线通信、红外通信、激光通信以及微波通信的信息载体都属于无线传输媒体。有线传输介质在较短的路径上传送信息（如通过网线）；无线传输介质通过空间传输信息，如电台发送节目的传输手段就是无线传输。

对于不同通信介质的传输能力是用带宽来表达的。带宽是指通信介质所能传输的信息频率的变化范围，它决定了通道最大的数据传输率，即每秒钟能够传输的信息量（以每秒多少字节来衡量）。高速数字通道传输速率一般可达到 256Kbps 到几亿个 bps，一般用于微波、光纤、卫星通信。

（1）双绞线

双绞线（Twisted Pair）由螺旋状扭在一起的两根绝缘导线组成。线对扭在一起可以减少互相辐射的电磁干扰。双绞线既可以用于传输模拟信号也可以用于传输数字信号，是最常用的传输媒体，实用的速度达到 9 600 bps。双绞线普遍用于近距离的点对点连接。在使用双绞线连接的网络中，由于存在信号衰减，因此每网段最多不能超过

100 m，接四个中继器后最长可达到 500 m，因而限制了它在较大范围内使用。

双绞线分为屏蔽双绞线（Shielded Twisted Pair，STP）与非屏蔽双绞线（Unshielded Twisted Pair，UTP）。屏蔽双绞线在双绞线与外层绝缘封套之间有一个金属屏蔽层。屏蔽层可减少辐射，防止信息被窃听，也可阻止外部电磁干扰的进入，使屏蔽双绞线比同类的非屏蔽双绞线具有更高的传输速率。非屏蔽双绞线是一种数据传输线，由四对不同颜色的传输线所组成，广泛用于以太网路和电话线中。非屏蔽双绞线电缆最早在 1881 年被用于贝尔发明的电话系统中，1900 年美国的电话线网络亦主要由 UTP 组成。

双绞线常见的有三类线、五类线、超五类线和六类线。通常计算机网络所使用的是三类线和五类线，其中 10 BASE-T 使用的是三类线，100BASE-T 使用的五类线。

随着网络技术的发展和应用需求的提高，双绞线也得到了进一步的发展与提高。从最初的一、二类线，发展到今天的七类线，而且还有继续发展的空间。在这些不同的标准中，它们的传输带宽和速率也相应得到了提高，七类线已达到 600 MHz 甚至 1.2 GHz的带宽和 10 Gbps 的传输速率，支持千兆位以太网的传输。

（2）同轴电缆

同轴电缆（Coaxial）由一对导体组成，按“同轴”形式构成线对。它由内导体铜质芯线、绝缘层、网状编制的外导体屏蔽层及保护塑料外层组成，内导体和外导体构成一组线对。由于同轴电缆频带宽、传输数据速率高、传输距离大、抗干扰能力强，是用途广泛的传输介质，目前普遍用于长距离的电话或电报传输、有线电视、局域网络和短距离系统的通信线路（如主机和外设，终端的高速 I/O 通道的连接等）。

同轴电缆又分为基带同轴电缆（阻抗 50 欧姆）和宽带同轴电缆（阻抗 75 欧姆）。基带同轴电缆用来直接传输数字信号，宽带同轴电缆用于频分多路复用（FDM）的模拟信号发送，还用于不使用频分多路复用的高速数字信号发送和模拟信号发送。闭路电视所使用的 CATV 电缆就是宽带同轴电缆。

50 欧姆电缆仅用于数字传输，并使用曼彻斯特编码，数据传输率最高可达 10 Mbps。公用无线电视 CATV 电缆既可用于模拟信号发送又可用于数字信号发送。对于模拟信号，频率可达 300 Mbps～400 Mbps。同轴电缆适用于点对点和多点连接。典型基带电缆的最大传输距离限制在几千米，宽带电缆可达几十千米。

（3）光纤

光纤是光导纤维的简称。它由能传导光波的石英玻璃纤维外加保护层构成，相对于金属导线来说重量轻、体积小。用光纤来传输电信号时，在发送端先要将其转换成光信号，而在接收端又要由光检波器还原成电信号。传送可见光的光纤称为多模光纤，传送激光的光纤称为单模光纤。

在计算机网络中，采用两根光纤（一来一去）组成传输系统。光纤的数据传输率可达几千 Mbps，传输距离达几十千米。光纤通信具有损耗低、数据传输率高、抗电磁干扰等特点。对于高性能、高吞吐率的局域网，使用光纤是十分合适的，目前采用一种分光技术，可以在一条光纤上复用、发送、传输多个位。分光复用技术（Wavelength Division Multiplexing，WDM）是一种新的数据传输系统。

（4）无线传输媒体

无线传输媒体不需要架设或铺埋电缆或光纤，而是通过大气进行传输。目前有三种技术：微波、红外线、激光。无线通信已广泛应用于电话领域构成蜂窝式无线电话网。由于便携式计算机的出现以及军事、野外等特殊场合下移动式通信联网的需要促进了数字化无线移动通信的发展。

微波通信的载波频率为 2 GHz～40 GHz，因为频率很高，可同时传送大量信息。如一个带宽为 2 MHz 的频段可容纳 500 条话音线路，用来传输数字信号，可达若干 Mbps。微波通信的工作频率很高，与通常的无线电波不一样，是沿直线传播的。由于地球表面是曲面，微波在地面的传播距离有限，直接传播的距离与天线的高度有关，天线越高距离越远，但超过一定距离后就要用中继站来接力。红外通信和卫星通信也有很强的方向性，沿直线传播。

微波、红外线、激光这三种技术都需要在发送方和接收方之间有一条视线通路，有时统称这三者为视线媒体。所不同的是红外通信和激光通信把要传输的信号分别转换为红外光信号和激光信号，直接在空间传播。这三种视线媒体由于都不需要铺设电缆，对于连接不同建筑物内的局域网特别有用。

卫星通信是微波通信中的一种特殊形式。卫星通信利用地球同步卫星作中继，来转发微波信号。卫星通信可以克服地面微波通信距离的限制，一个同步卫星可以覆盖地球的三分之一以上表面，这样三个卫星就可实现地球上的各个地面站之间互相通信。卫星通信的优点是容量大、距离远；缺点是传播延迟时间长。

蓝牙通信是一种短距离的无线连接，主要是面向网络中各类数据及语音设备，如计算机、笔记本电脑、打印机、传真机、数码相机、移动电话等，使用无线微波的方式将它们连成一个微微网，多个微微网之间也可互连，从而方便快速地实现各类设备之间的通信。

上述各种传输媒体各有优缺点，也有不同的适用范围。在低通信容量的局域网中，双绞线的性能/价格比是最好的；对于大多数局域网而言，需要连接较多设备而且通信容量相当大时可以选择同轴电缆。随着通信网络广泛采用数字传输技术，选用光纤作为传输媒体更有一系列优点：频带宽、速度快、体积小、重量轻、衰减小，能与电磁隔离，误码率低。因此，光纤在国际和国内长话传输中的地位日趋重要，并已广泛用于高速数据通信网。由于便携式计算机的日益普及，可移动的无线网的需求也剧烈增加。随着技术和规范的不断完善，无线网已成为计算机网络发展的主流趋势，并越来越广泛地应用到各个领域。

4. 网络通信处理器

在网络中，网络通信处理器是连接整个网络中各种通信介质、计算机和通信线路的硬件设备。网络通信处理器具有广泛的、复杂的功能。它们包括调制解调器、多路复用器、前端处理机、交换机和网络互连单元。

（1）调制解调器

现有的电话传输线路是为传送语音而铺设的，这种语音信号是一种模拟信号（Aanalog Signals），而计算机发送或接收的信号却是一种脉冲数字信号（Digital Signals)。为了解决衔接问题，计算机信号应转换为模拟信号，实现信号转换的设备称为调制解调器（Modem)。

将脉冲数字信号转换成模拟信号的过程称为调制（Modulation)，将模拟信号转换成脉冲数字信号的过程称为解调（Demodulation)。Modem 传输速度以 bps 衡量，即每秒传出的位数（bits per second)，如微机使用的 Modem，标准速度为 1 200 bps、2 400 bps和 9 600 bps。

（2）多路复用器

多路复用技术能把多个信号组合为一个信号传输。实现这种功能的设备就是多路复用器。在通信通道的发送端用多路复用器合并几个终端来的信号；在信号的接收端，将接收的信号分解。

多路复用技术有两种：频分多路复用（FDM）和时分多路复用（TDM)。频分多路复用把具有一定带宽的线路划分为若干个不重叠的小频段，每个小频段可作为一个子信道供一个用户使用；时分多路复用把信道的传输时间划分为多个时间段，当多个用户信号传入时，每个用户将占据一个指定的时间段，并使用全部带宽。

（3）前端处理机

前端处理机（Front-End Processor，FEP）一般是小型机或微型机，专门为大型主干计算机处理数据通信控制功能。前端处理机能够控制对网络的存取并允许注册过的用户才能使用系统；对信息指定优先权；登记所有的数据通信活动；统计全部网络活动；在网络链路间路由信息，因此大大释放了大型主干计算机的数据通信控制功能，使主机能从事其他信息处理任务。

（4）交换机

随着计算机网络的发展，大量分布的终端、个人计算机和工作站将通过程控专用小交换机（Computerized Branch Exchange，CBX）连到局域网中的一些主计算机端口。当用户需要使用远程计算机时，CBX 可以将计算机连到公共网，再连到该远程计算机。

（5）网络互连单元

网络互连单元把一个网络上的某一主机连到另一网络上的一台主机，可使不同网络上的用户相互通信、交换信息和共享资源。用于网络之间互连的中继设备，按它们的功能可分为中继器、桥接器、路由器、网关或网间连接器等几类。

中断器（Repeater）用于可以相互连接的两个局域网间进行双向的传送通信，其功能扩展了网络电缆的长度。

桥接器（Bridge）用于连接多个地址兼容的，即同一类型的局域网，例如连接两个以太网，连接两个令牌环网。桥接器互连反映了链路层一级的转换。

路由器（Router）在 OSI 模型的网络层互连，它可使分组以最便宜、最快、最直接的路由通过网上的不同通道。由于路由器工作在网络层，所以原则上它只能连接相同协议的网络，或者能连接在网络层互操作的网络。

网关或网间连接器（Gateway）运行在 OSI 模型的最高层，对物理层到应用层均能支持。这是一种连接两个异构系统，特别是两个不同协议系统的设备。它可执行协议的转换，使不同协议的网络实现通信。

5. 网络通信的标准、协议和软件

在网络环境下，要控制信息从一地到另一地的传输方式，并且保证信息的完整无损，就要建立一些规则，这些规则以协议、标准及通信软件的形式出现。

(1) OSI 网络通信协议

协议（Protocol）是两台计算机之间进行通信必须遵循的一组规则，不同的机种如大型机、小型机和微机有不同的协议。网关常被用于解决不同协议的网络间的通信。如果两个网络使用的协议相同，则以桥接器相连。

某些大型公司有自己的标准协议，如美国 IBM 公司的 SNA（System Network Architecture）协议。还有事实上形成的，已为大家认可的协议如 TCP/IP。国际化标准组织（ISO）于 20 世纪 70 年代提出的七层概念性网络模型 OSI（Open System Interconnection Model，开放式系统互连模型）是一个希望各厂商在生产网络产品时应该遵循的协议，但至今仍只是一个理想的模型。

OSI 模型从下至上包括物理层、数据链路层、网络层、传输层、会话层、表示层、应用层共七层，每一层都是建立在前一层的基础之上的，底下的每一层的目的都是为高层提供服务。其中，第一、二层解决网络信道问题，第三、四层解决传输服务问题，第五、六、七层处理对应用进程的访问。从控制的角度来看，一、二、三层为传输控制层，五、六、七层为应用控制层，解决应用进程通信问题，第四层则是传输与应用间的接口。

OSI 网络通信协议是一种理想的工业标准，网络设备与网络管理软件的制造商在产品的生产过程中以此协议为标准。但是，一些大型的计算机生产商，在主导全球市场的过程中建立了一些事实上的方法、标准与协议。因此，我们需要更多地重视事实上的方法、标准与协议。

(2) 局域网的主要标准与协议

常见的局域网的主要标准与协议有以太网和令牌环型网、FDDI、802.11 无线局域网协议、蓝牙技术等。

以太网（Ethernet）是连接局域网的一种通信标准。网络中采用共享通信介质（例如总线式拓扑结构）。以太网中的信息是以广播方式在线路中传输，因此网络中的每个部件须监听线路，以确定此信息是否应该接收。若是，则接收它；否则不响应此次传输。当总线线路首尾相接，组成环形，则有另一种局域网标准，称为令牌环型网。网络中每个部件将轮流使用令牌，发送信息时，令牌附有传输信息，各部件在接到令牌时确定是否接受该信息。

光纤分布式数据接口（Fiber Distributed Data Interface，FDDI）是一种用于连接高速局域网或地理上分离的局域网的通信标准。FDDI 使用传输可见光的多模光纤作介质，数据传输率可达 100Mbps。FDDI 由双环组成，其中一个环提供常规的通信信道，第一个环发生故障，第二个备用环工作。

802.11 无线局域网协议是 IEEE 于 1997 年制订出的无线局域网协议标准。无线局域网可分为两大类。第一类是有固定基础设施的，第二类是无固定基础设施的。所谓“固定基础设施”是指先建立起来的能够覆盖一定地域范围的一批固定基站。对于第一类无线局域网，802.11 标准规定无线局域网的最小单位基本服务集（Basic Service Set，BSS）。基本服务集里的基站称为接入点（Access Point，AP），其作用和网桥相似。无固定基础设施的无线局域网又称为自组网络（Ad Hoc Network），这些自组网络没有 AP，而是由一些处于平等状态的移动站之间相互通信组成的临时网络。

蓝牙（Bluetooth）技术是由爱立信、诺基亚、Intel、IBM 和东芝等五家公司于 1998 年 5 月共同提出开发的。蓝牙技术的本质是设备间的无线连接。利用蓝牙技术，能够有效简化掌上电脑、笔记本电脑和手机等移动设备之间的通信，也能够成功简化以上这些设备与 Internet 之间的通信。

（3）X.25 公用网

X.25 采用分组交换技术，在公共数据网上以分组形式工作。分组交换通过按需分配原则提供通信带宽，从而满足了猝发性数据通信的要求。X.25 目前仅实现了 OSI 的物理层、数据链路层和网络层三层数据通信及管理。

我国的公共数据网是利用公用自动电话交换网来发展中速数据传输业务的速率为 1 200 bps，接口为 CCITTX.28 标准，Modem 为 CCITTV.22 标准，是由电子邮政系统建立的国家通用数据网业务。

（4）互联网与 TCP/IP

最成功的全球性的信息网络应该是世界上最大的计算机网 Internet，常译为互联网、中国台湾译为网际网。

TCP/IP 是一个协议套，包含了一系列协议，其中最重要的是传输控制协议（Transmission Control Protocol，TCP）和网际协议（Internet Protocol，IP）。TCP 通过序列化应答和必要时重发数据包，为应用程序提供了可靠的传输流和虚拟连接服务，IP 协议的核心功能是寻址和路由选择。当前，TCP/IP 已经是事实上的标准，也是符合 OSI 国际标准的网络产品。

Internet 要为世界范围内的各入网设备都分配一个 IP 地址。现有的互联网采用 IPv4 协议。IPv4 采用 32 位地址长度，只有大约 43 亿个地址，已于 2005—2010 年间分配完毕。IPv6 是下一版本的协议，采用 128 位地址长度，几乎可以不受限制地提供地址。按保守估算，IPv6 实际可为整个地球的每平方米面积分配 1 000 多个地址。IPv6 的主要优势体现在以下几个方面：扩大地址空间、提高整体网络吞吐量、改善服务质量（QoS）、安全性有更好的保证、支持即插即用和移动性、更好地实现多播功能。

（5）综合服务数字网络

综合服务数据网（Integrated Service Digital Network，ISDN）是一种国际通信标准。它能支持世界范围公用电话网络系统的使用，能将模拟信号转换成数字信号，经由双绞线的电话线路传输，同时也传输包括文本、图像、声音等各类格式的信息。

ISDN 的目标是提高各种格式信息的传输量、传输速度、传输的可靠性以及对信息用户的服务。ISDN 发展迅速，其主要应用于诸如局域网的扩展与互联、文件传送、“三金工程”、声像管理、零售业的经营管理（POS）、音像会议等。

（6）通信软件

通信软件是所有通信网络的一个重要部分。主框架广域网上的通信软件包通常称为通信管理器或远程处理（Teleprocessing，TP）管理器。局域网依靠的通信管理软件称为网络操作系统，例如 Novell Netware、Microsoft Windows 等。通信软件包提供了多种通信服务，一般提供存取、传送控制、网络管理、出错控制、安全管理等功能。

【延伸阅读】

烽火台

传说秦始皇为了抵御匈奴的进攻，修建了万里长城。但是，由于不能提前预报敌情，万里长城也形同虚设，被敌军屡屡攻破。后来，秦国大将袁牧看到几十里外人家的炊烟，受到了启发，就在长城上加修了烽火台。烽火台里备上干柴火种，安放大鼓，一旦发现敌情，就点燃烽火，擂响大鼓，借助浓烟和鼓声，一站一站地将消息传到王宫。

三、通信网络的应用

1. 通信网络在管理中的应用

通信网络在管理中有着广泛的应用，已成为大家每天 24 小时每周 7 天离不开的工具，就像电力、自来水等公用设施一样。通信网络在管理中的应用包括声音通信、数据通信、文本和消息通信、信息查询、影像传送以及监控和控制等。当前最流行的计算机网络通信应用有以下几方面。

（1）数据传输

随着经济全球化、企业跨国化，企业内部或外部均有大量的数据需要传输。邮寄、快递、传真显得越来越落后，而不能满足企业要求，数据传输得以飞速发展。电子邮件不仅快捷，而且便宜；文档传输的数据量则远大于传真的数据量。

（2）查询系统

查询系统允许管理人员或用户查询储存在个人、部门、公司数据库上的信息，提出需求，并通过信息网络得到立即响应。用户也可以利用通信网络获取外部数据信息（数据银行）的服务，它们把一些经济、人口统计和财政方面的数据提供给公司和个人。

（3）远程处理

事务处理的数据可以由联机终端捕捉到，立即传送到远方的计算机进行处理。例如许多联机业务处理系统（Online Transaction Processing，OLTP）依靠 POS 终端和计算机的广域网捕捉销售事务，更新公司数据库。

对于远程的事务数据可以成批处理，称为远程作业输入（Remote Job Entry，RJE）。电子数据交换（Electronic Data Interaction，EDI）网络在企业和它们的顾客和供应商之间支持企业事务文件按直接的电子方式交换，并代替了采购订单、销售发票等传统的纸张或事务文本的交换。电子资金交付（Electronic Fund Transfer，EFT）系统专门用于银行业和零售业，它把零售商、销售商或银行等金融机构与顾客连接起来，处理现金和信用贷款。

（4）分布与协同处理

组织中的分布式处理是利用网络连接的计算机实现的，协同处理进一步使用了这种分布处理的原理，它允许分布式处理网络中的各种类型计算机共享终端用户的部分处理，应用软件包含共同的用户接口和功能，所以能在大中小型计算机上同步操作。

采用分布协同处理，当地的用户可以处理广域网内的信息，其中包括数据输入、数据查询、事务处理、更新数据库、产生报告及提供决策支持，因此数据完全可以进行本地化的输入/输出处理，同时又提供了对网络中其他计算机的数据资源进行存取的功能。这使计算机处理更适应用户的需求并提高信息处理的效率。

（5）办公自动化与终端用户计算

网络在办公自动化和终端用户计算中起着重要作用。办公室局域网上的微型计算机和其他办公设备，如复印机、激光打印机、传真机等连接到公司或部门的网络上，这种网络上的软件和数据库可以共享，诸如电子邮件、音频邮件、传真及影视会议等服务，允许用户以文本、声音、影像或视频方式发送和接收信息。通信网络也支持群体计算，参加联合项目的所有终端用户在一个网络上工作，网络支持他们共享数据，执行联合分析，并集成群体中每个成员努力的结果。

（6）公用信息服务

公用信息服务是一种通信网络应用的形式，现在已有不少这样的公司，只收很少一点费用，就向任何一个已装备了个人计算机的用户提供各种信息服务。其服务有传递电子邮件、金融市场信息、航空预售票、电子游戏、个人计算机用的软件包、新闻/运动/气象信息、电子银行购物及各种专用数据库。只要在个人计算机上安装调制解调器和通信软件包就可以方便地得到这种服务。

2. 通信网络的 Web 应用

网络的最重要应用无疑是万维网（World Wide Web，WWW）。万维网是由蒂姆·伯纳斯·李（Tim Berners lee）于 1989 年发明的，其核心标准是统一资源定位符（URL）、超文本传送协议（HTTP）和超文本标记语言（HTML）。

如果说互联网是把全球的大多数计算机连接起来，那么万维网可以认为是由互联网中各计算机上的 HTML 文件互相连接而成的一个信息资源网络。信息资源都组织成 HTML 文件，由 Web 服务器管理和发布，用户可通过浏览器获取信息。这种以网站发布内容为中心，用户通过浏览和搜索方式阅读 Web 页面的模式称为 Web1.0。在 Web1.0 模式中绝大多数网络用户只充当了浏览者的角色，是单纯的“读者”，话语权掌握在各大网站的手里。

现在流行的万维网模式更注重用户的交互作用，用户既是网站内容的浏览者，也是网站内容的制造者。这种让用户由单纯的“读”向“写”以及“共同建设”发展的模式称为 Web2.0。Web2.0 网站的内容通常是由用户发布的，通过人人参与形成集体智慧，因此往往比 Web1.0 内容更丰富。Web2.0 还提供用户之间的相互交流，强调以人为本，实现社会互联，形成关系紧密的虚拟社区。Web2.0 的相关技术主要包括博客（Blog，意为“网络日志”）、微博（MicroBlog）、RSS（Really Simple Syndication）、百科全书（Wiki）、网摘（Social Bookmark，即“社会化书签”）、社会性网络服务（Social Networking Services，SNS）等。

现在开始出现了关于Web3.0的提法，但其定义尚未达成共识。“万维网之父”蒂姆·伯纳斯·李和汤姆·伊鲁布（Tom Ilube）等人认为，“语义网”（Semantic Web）的兴起将是互联网的下一次革命。语义网不再用文档形式来组织和呈现网络内容，而是将内容作为数据项，通过意义和关系连接起来。语义网使网络中所有信息的语义都是计算机能够理解和处理的，它主要基于XML、RDF（资源描述框架）和Ontology（本体论）等技术。其中，RDF是对Web上的资源进行描述的通用框架，Ontology是对概念系统的描述，从而保证网络中的信息都有清楚的定义，能够让人与计算机协同工作。

3. 通信网络的应用策略

从管理角度来看通信网络，不应仅仅当作一种电子通信的方法，而是要把它看作一种竞争武器，作为组织的一种联络手段，作为一种重要的技术投资。企业应对通信网络给予重视，充分认识网络的潜在效益，并考虑如何在组织中规划及建设一个合适的网络系统。

（1）网络发展的趋向

网络发展的趋向对于管理决策有很大影响，它们对于组织的决策选择增加了分析的内容，因此管理人员应深入了解网络通信的技术及应用两个领域的发展趋向，并分析与选择适合于组织发展的通信网络。

首先，当前通信服务的竞争已发生了剧烈变化，从政府垄断逐步向自由供应商发展，从通信和计算机行业的分立到两种行业的互相渗透甚至合一，这些都有效地适应了组织各方面的需求。

其次，通信网络从模拟向数字网络技术转化发展，数字传送大大提高了计算机化的通信设备和通信介质的使用。许多通信网络从以前的双绞线、同轴电缆、微波中继站发展到现在的光纤和人造卫星传输。

最后，各种通信服务和先进的技术平台大大增加了应用上的可行性。无论什么样的企业，通信对于支持生产、管理和实现企业战略目标都起到了重大作用。一个企业的通信已不再局限于办公室电话和长途电话的范围，而是属于公司主架构中的一部分。

（2）通信网络产生的附加值

采用通信网络能使企业在运作过程中有三方面效用：缩短完成事务活动的时间；降低由于地理距离原因对公司事务活动的局限性；重新构造公司与顾客、供应商及其他组织的传统关系。

（3）开发通信网络的决策

如果不进行管理上的全面规划，通信网络不一定会带来效益。因此，首先要决策建立通信网络，也就是最高管理层必须决定组织所决策的企业目标有多少是必须依赖于通信技术的应用。其次，假如一个企业发现企业长期的生命力和成功依靠通信网络的效益，那么管理层就必须定义如何将这种技术集成到企业的长期规划中。最后，为了建设一个能支持企业操作、管理决策制订和组织决策的目标集成化的通信网络，应开发设计一个通信网络架构。

【延伸阅读】

常用电子商务结算技术

电子商务的基石是通信网络。电子商务可以在网上处理结算任务，以电子形式的货币交换有形或无形的产品和服务。目前主要的电子结算方式有电子现金、电子信用卡、智能卡、电子支票等。

(1) 电子现金：电子现金主要是解决网上的小额支付（如美国定义支付 10 美元以内商品的结算方式）。它的工作原理为：购买电子现金（E-cash）；在线或离线存储电子现金；用 E-cash 购买商品与服务；接收 E-cash 的卖方与 E-cash 发放银行之间进行清算；E-cash 银行将买方购买商品的钱付给卖方；确认订单。为防止重复消费，即同一电子货币在商店内重复使用，一般由可依赖的第三方（电子银行）参与 E-cash 转账过程。

(2) 电子信用卡：电子信用卡基本形式有四种：无安全措施的信用卡支付；通过第三方代理人的信用卡支付；简单加密的信用卡支付；SET 信用卡支付。电子信用卡在线结算服务必须能够认证购买者，而且能够在互联网上安全地传输信息。因此，在上述四种支付方式中，未来可能最受消费者欢迎且最有发展前途的是 SET（安全电子交易）信用卡支付。

SET（Security Electronic Trade，安全电子交易）是万事达国际组织和 VISA 国际组织在微软公司、网景公司、IBM 公司、GTE 公司、SAIC 公司及其他公司的支持下联合设计的安全协议。SET 的目的是为通过互联网在商家网站和处理银行之间传输信用卡结算信息时提供安全保证。SET 采用公开密钥加密，并用数字证书对消费者和商家进行验证。SET 协议同时也提供了保密、数据完整、用户及商家身份认证，以及买家不可否认等功能，保证在 SET 协议下的安全交易。为进行有 SET 保护的信用卡支付方式，SET 使用的安全技术包括对称密钥系统、公钥系统、消息摘要、数字签名、数字信封、双重签名、认证等。其中认证过程较为复杂且耗资巨大（由专门的机构认证中心从事认证工作）。

(3) 智能卡：智能卡是一种新型的电子结算卡。在卡内嵌入了一个微处理芯片，芯片内存储了大量关于持卡人的信息，如财务数据、私有加密密钥、账户信息、信用卡号码及健康保险信息等。由于智能卡上的信息是加密的，即使被人窃取，也无法得到密钥而获取加密信息，因而大大提高了安全性。

(4) 电子支票：电子支票是用写在屏幕上的支票进行支付活动，它的功能和纸质支票一样。支票的内容包括支付人姓名、支付人金融机构名称、支付人账户名、被支付人姓名、支票金额。

【实验】

体验你身边的数字化校园

数字化校园是以数字化信息和网络为基础，凭借计算机和网络技术建立起来的对教学、科研、管理、技术服务、生活服务等校园信息进行搜集、处理、整合、存储、传输和应用，使数字资源得到充分优化利用的一种虚拟教育环境。通过实现从环境（包括设备、教室等）、资源（如图书、讲义、课件等）到应用（包括教、学、管理、服务、办公等）的全部数字化，在传统校园基础上构建一个数字空间，以拓展现实校园的时间和空间维度，提升传统校园的运行效率，扩展传统校园的业务功能，最终实现教育过程的全面信息化，从而达到提高管理水平和效率的目的。

数字化校园是我们体验和理解信息技术和信息系统应用最直接、也是距离最近的途径。数字化校园并不是封闭的，它往往也会和社会上的信息系统或者其他企事业单位的信息系统相衔接，进行信息的处理和共享等。请按照以下步骤操作，从职能和层次维度体验和理解组织中信息系统的应用，理解信息系统中信息产生的过程，理解信息系统的重要性以及给组织和个人带来的影响，理解当今信息时代，数字化企业发展的趋势和特点。

（1）列举你身边数字化校园中的信息技术和信息系统的应用，分析它们对学校各项业务的管理的重要作用。登录相关网站或者联系学校相关管理部门，或者通过其他可行的方式，尽量获取更加全面、准确的学校信息系统的总体方案，看与你所看到的、感受到的、使用过的信息系统应用是否相符。

（2）登录你所在学校的教务管理系统，并询问相关的教务管理人员，详细描述它实现了哪些功能，并分析这些功能如何支持学校管理层的管理控制和业务层的操作处理。

（3）教务管理系统中的网上选课功能为学生提供了简便快捷、公平合理的选课平台。认真体验学生网上选课的功能和过程，详细描述该过程的输入、处理和输出。

（4）你手中的校园一卡通可以在学校的哪些领域使用，列举几个学生卡应用的具体情景。并思考：学生卡与学校的教务管理系统、后勤管理系统、图书管理系统、财务管理系统等各种相关系统之间的关系。

（5）你校的数字化校园是否存在与外界的信息接口？

（6）你觉得你所在学校还有哪些需要改善或者需要增加的IT应用？

本章小结

数据处理的目的是为了更好地利用各类信息资源，为管理决策服务。数据处理的核心是数据管理。数据管理先后经历了人工管理、文件系统和数据库系统等阶段，数据仓库、数据挖掘技术是数据资源管理中出现的新技术。数据库系统是由计算机系统、数据、数据库管理系统及有关人员组成的有高度组织的整体。它是一个企业、组织或部门涉及的全局数据及其管理系统的综合。在数据库系统中，对现实世界数据的抽象表示及处理，都是通过数据模型实现的。

习　题

1. 数据处理经历了哪些阶段？各有什么特点？

2. 数据文件有哪些类型？各有何优缺点？

3. 常用数据库模型有层次数据模型、网状数据模型和关系数据模型。试在实际工作中找出三种模型的实际例子，并说明它们各自有什么特点。

4. 文件管理方式与数据库管理方式有什么根本不同？举例说明。

5. 什么是数据仓库？它的结构有什么特点？与数据库相比，它的优势主要表现在哪些方面？

6. 简述数据仓库技术的特征及数据挖掘工具。

7. 计算机网络系统由哪些部分组成？

8. 计算机网络的拓扑结构有哪些？常用的网络设备有哪些？各有什么用途？

第3章 管理信息系统的战略规划

【案例导入】

"逾淮之橘"

为什么联想、海尔的信息化建设会取得很大成功，而有人却感慨传统管理体制下的企业成功实施ERP的概率几乎等于0？这不禁使人想起春秋时期晏子说过的一句话："橘生淮南则为橘，生于淮北则为枳，叶徒相似，其实味不同。所以然者何？水土异也。"

由于受旧有的管理体制和经营理念的约束，诸多传统企业信息化的推进工作举步维艰，建设成果收效甚微。难怪联想公司表示，在输出信息化技术时，未来所选择的客户是要挑拣的，对计划经济烙印太深的企业，联想不会去碰。海尔集团董事局主席、首席执行官张瑞敏也指出：如果企业没有进行组织结构重组，只是在现有的基础上进行了微调，这种管理信息化不做也罢。

管理信息系统开发是一项复杂的系统工程，它涉及的知识面广、部门多；不仅涉及技术，而且涉及管理业务、组织和行为；不仅是科学，而且是艺术。为了保证系统开发工作的顺利进行，应根据所开发系统的实际情况，明确开发任务，掌握开发原则，采用行之有效的开发方法，以达到管理信息系统开发的有效性、经济性和实用性。

第一节 引　言

管理信息系统的开发过程是一个涉及技术因素和社会因素的复杂的系统工程，受到多方条件的制约。一旦决定开发，组织将首先面临如下问题：系统开发究竟是一个什么样的过程；系统开发应具备什么样的条件，开发前应该做好哪些准备工作；系统开发过程中可能遇到哪些困难。可见，管理信息系统开发是一个“问”与“答”的过程，在这个问与答的过程中，设计单位与用户之间的沟通是信息系统开发成功与否的关键因素之一。

一、系统开发前的准备工作

良好的开端是成功的一半。为了确保管理信息系统的开发更为有效，在系统开发之前，组织应充分做好各项准备工作。首先，组织应吸取其他组织或组织本身开发类似的管理信息系统的经验和失败教训，可以少走弯路。其次，应选择合适的开发方式。管理信息系统的开发方式有多种，通常有自行开发、委托开发、合作开发、直接购买等方式。开发方式的选择主要应该根据组织本身的具体条件而定，并无绝对的最佳开发方式。第三，要确定系统目标、开发策略和投资金额。系统的目标是系统设计的出发点。系统的总目标应该与组织的总目标一致，目标的具体内容应该在调查研究的基础上分析制订。最后，收集和整理基础数据。管理信息系统能否真正取得效益，与存储在系统中的组织基础数据的完整程度有很大关系，没有基础数据，系统就像一座没有原料的加工厂。目前，组织往往对此还缺乏正确的认识和理解，没有好好开展这项工作，结果，即便建立了管理信息系统，数据库中往往只有少量的数据可以供给决策部门参考，使系统不能真正发挥其决策参考作用和产生相应的效益。

与一般的工程建设相比，管理信息系统开发有着特殊的困难。一个新系统对组织当前的管理理念、行为方式会产生较大的影响，甚至会导致组织权力重新分布，因此可能会引起管理人员反感，从而产生对立情绪，形成一种阻力。另外，虽然我们已经进入了信息时代，仍有许多管理人员对计算机并不十分了解。他们虽然知道计算机的数据处理能力强，一是速度快，二是能处理海量数据，但却不清楚计算机在组织的管理领域里到底能够为我们做些什么、能够做到什么程度。

作为组织的管理者还应该认识到，系统开发并不是一个完全理性的过程。由于系统在规模、范围和复杂程度以及组织和技术构成上具有相当大的不同，其开发比其他系统具有更高的风险水平。另外，新系统所获得的效益，主要体现在组织管理水平的提高，为管理人员提供科学的决策支持等方面。作为系统的软件载体，外行人很难看出它的真正价值所在，其效益往往较难从货币价值直接反映出来。

事实上，对于组织经营与管理的任何改变都无可避免会遇上阻力，这些阻力可能是人为的，也可能是环境因素的制约。因此，开发管理信息系统遇到阻力是必然的，也是可以理解的。当前，以信息技术来实现管理现代化是大势所趋。因此，在充分认识到开发管理信息系统的困难以后，我们还要充分衡量一下，如果要在自己的组织建立管理信息系统，组织应该具备怎样的条件、需要做好哪些准备工作等。

【延伸阅读】

《浮沉》中王贵林的抉择

作为晶通掌门人，王贵林面临如下几个抉择：一是晶通千余“老人儿”的去留问题；二是有限的资金要盘活整个产业链的问题；三是售后技术服务问题。事实上，经过于志德差一点就成功的“渔利”行为，晶通厂的信任危机已经成为他的第四个难题。

可以这么说，王贵林如何突破重重障碍，让政府七个亿的改制资金笔笔用在刀刃上，以最小的代价完成对晶通厂的成功改制，他所面临的抉择，绝不仅仅是表面看起来的CAM和AAM之争。因为，选择任何一款软件，都意味着对内他要进行机构重组和企业流程再造，对外要从无到有构建一条完整的产业链条。（资料来源于电视剧版《浮沉》）

二、管理信息系统战略规划的意义

建设管理信息系统是一项耗资大、历时长、技术复杂且涉及面广的系统工程。因此，首先必须认真地制订好发展管理信息系统的战略规划，然后才可以按照规划有步骤地进行系统开发。这项工作的好坏是管理信息系统成败的关键因素之一。

正确地制订管理信息系统战略规划，可以合理分配和利用信息资源，以节省信息系统的投资。通过制订战略规划，找出存在的问题，正确地识别出为实现企业目标，新系统必须完成的任务，促进信息系统应用，带来更多的经济效益。另外，管理信息系统的战略规划可以指导新系统的开发，并作为将来考核系统开发工作的标准。

管理信息系统战略规划一般包括三年或更长期的计划，同时还包含一年的短期计划。其内容包括：（1）管理信息系统的目标、约束及总体结构。其中，管理信息系统的目标确定了其应实现的功能；约束包括管理信息系统实现的环境、条件（如管理的规章制度、人力、物力等）；总体结构指明了信息的主要类型和主要的子系统。（2）单位（企业、部门）的现状。包括计算机软件及硬件情况、产业人员的配备情况以及开发费用的投入情况等。（3）业务流程的现状、存在的问题和流程在新技术条件下的重组。企业流程重组实际上是根据信息技术的特点，对手工方式下形成的业务流程进行根本性的再思考、再设计。（4）对影响战略规划的信息技术发展的预测。这里涉及的信息技术主要包括计算机硬件技术、网络技术及数据库处理技术等。战略规划中合理地采用新技术，有可能使开发出的管理信息系统具有更强的生命力。（5）近期计划。在战略规划中，应对即将到来的一段时间（比如一年）作出相当具体的安排，主要包括硬件设备的采购时间表、应用项目开发时间表、软件维护与转换工作时间表、人力资源的需求以及人员培训时间安排、财务资金需求等。

管理信息系统的规划应不断地修改。人员变化、技术变革、组织自身的变化都可能影响到整个规划，甚至一种新的硬件或软件的推出也能影响到规划。除此之外，修改规划的原因还可能来自信息系统之外的事件，如财务约束、政府的规章制度、竞争对手采取的行动等。

第二节　管理信息系统战略规划理论

组织开发管理信息系统，是一项复杂而耗资巨大的工程。这不仅涉及计算机技术本身及其发展趋势，还影响组织结构、交流习惯、管理者与员工的工作方式，直到组织的管理文化。从战略层面上来考虑，组织必须要把管理信息系统的规划作为组织战略规划中的重要内容来对待。

一、诺兰阶段模型

诺兰模型由哈佛商学院 R. Nolan 教授于 20 世纪 70 年代末提出，是西方国家企业进行系统规划的指导性理论之一。诺兰认为，信息系统的发展具有一定的规律性，要经过从低级到高级的阶段性发展过程，各个阶段是循序渐进的。因此，组织进行系统规划需要首先明确自己所处的阶段水平，然后采取相应的策略。诺兰的早期模型（1973 年）中只有四个阶段，后来（1980 年）修正为六个阶段，如图 3-1 所示。

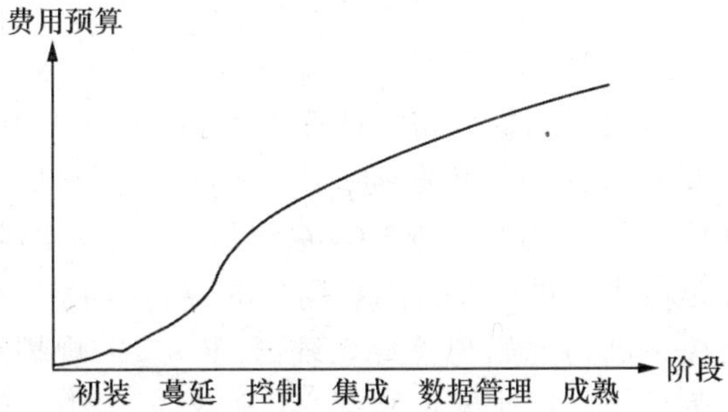

图 3-1　诺兰的阶段模型

第一阶段：初装。初装阶段指组织购置第一台计算机并初步开发管理应用程序。在此阶段，管理者已初步认识到计算机的作用，部分管理者已初步具备使用计算机的能力；但是组织对数据处理的费用缺乏控制，信息系统的建立也往往不考虑经济效益，因而许多用户对信息系统抱着敬而远之的态度。一般而言，初装阶段大多发生在单位的财务、人力资源等数据处理量大的部门。

第二阶段：蔓延。随着计算机应用的初见成效，信息系统（此时称为“管理应用程序”）从少数几个部门逐渐扩散到多个部门，并开发了大量的应用程序，使组织的事务处理效率有了提高，这便是所谓的蔓延或普及阶段。在此阶段中，数据处理能力的发展最为迅速，但同时出现了数据冗余、不一致、难以共享等问题；组织开始关注信息系统的经济效益，但是还没有进行实质意义上的控制。

第三阶段：控制。随着信息系统的应用与普及，一是计算机预算每年以 30%～

40%或更高的比例增长，而投资的回收却不理想；二是大量独立性的单项应用会带来各种矛盾，客观上也要求加强组织协调。于是出现了由组织的领导和职能部门负责人参加的领导小组，对整个组织的系统建设进行统筹规划，启动项目管理计划和系统发展方法。这个阶段中，一是利用数据库技术解决数据共享问题，二是以计算机管理为主到以数据管理为主的转换。这时，信息系统的应用逐步走向正规，严格的控制阶段代替了蔓延阶段，发展比较缓慢。

第四阶段：集成。所谓集成，就是在控制的基础上，使用数据库和远程通信技术，整合资源，建立集中式的数据库，组织从管理计算机转向管理信息资源。由于重新装备大量设备，此阶段预算费用又一次迅速增长。

第五阶段：数据管理。企业开始重视数据的加工处理过程，提高系统对企业业务的支持水平，数据成为企业的重要资源；信息系统开始从支持单项应用发展到在逻辑数据库支持下的综合应用；组织开始全面考察和评估信息系统建设的各种成本和效益，全面分析和解决信息系统投资中各个领域的平衡与协调。数据管理阶段是系统从“集成”阶段到“成熟”阶段的一个过渡时期。

第六阶段：成熟。信息系统对企业各个管理层的业务和决策提供全面的支持，信息处理支出逐步趋于稳定，信息技术成为企业管理的有力工具。此时，正式的信息资源计划和控制系统投入使用，以确保管理信息系统支持业务计划，信息资源管理的效用充分体现出来。

此外，诺兰阶段模型还指明了信息系统发展中的六种增长要素：(1) 计算机硬、软件资源，从早期的磁带记录向最新的分布式计算机发展。(2) 应用方式，从批处理方式到联机处理方式。(3) 计划控制，从短期的、随机的计划到长期的、战略的计划。(4) 信息系统在组织中的地位，从附属于个别部门逐步发展为独立的部门。(5) 领导模式，一开始技术部门的领导是占主导地位的，随着用户的逐渐增加和高层管理人员越来越了解信息系统，组织高层决策部门开始与信息系统部门一起来规划组织的信息发展战略。(6) 用户意识，从作业管理级（操作层）的用户逐渐发展到中（管理层）、高层（战略决策层）管理级的用户。

诺兰阶段模型总结了发达国家信息系统发展的经验和规律，其基本思想对于信息系统建设具有指导意义。一般认为，模型中的各阶段都是不能跨越的。因此，无论在确定开发管理信息系统的策略，或者在制订系统规划的时候，都应首先明确本组织当前处于哪一个成长阶段，进而根据该阶段特征来指导信息系统建设的全过程。诺兰模型提出了“转折点”的思想，即企业管理的焦点有一个从技术管理到数据管理的过程，这对当代企业信息化发展和信息技术的宏观管理仍然具有实际的启发意义。

【延伸阅读】

米歇模型

在诺兰模型的基础上，20 世纪 90 年代提出的管理信息系统建设的米歇模型更能够反映当代信息技术发展的新特征。米歇（Mische）认为，在诺兰模型中，作为前后两个阶段的集成与数据管理其实是不可分割的，集成阶段的实质和主要特征恰恰就是以数据集成为核心的数据管理，因此，米歇模型认为信息化的一般路径是由起步、增长、成熟和更新这样四个阶段所构成的。米歇模型是衡量信息化发展阶段的经典理论。米歇模型如图 3-2 所示。

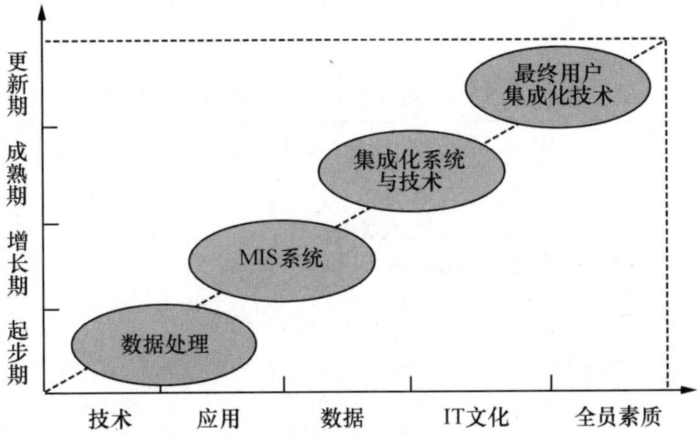

图 3-2　米歇模型

二、麦克法兰的战略方格

麦克法兰（McFarlan）的战略方格（Strategic Grid）可以用来判定组织应用信息技术目前的定位，并可指示未来的走向。从目前的信息系统对组织战略的影响与规划中的信息系统对组织战略的影响两个维度，各分成影响高和低两类，从而将组织信息系统定位成四种类型，如图 3-3 所示。

目前信息系统对组织战略的影响 \ 规划中的信息系统对组织战略的影响	低	高
低	支持型 (Support)	扭转型 (Turnaround)
高	工厂型 (Factory)	战略型 (Strategic)

图 3-3　麦克法兰的战略方格

其中，战略型信息系统可能影响组织现有的竞争战略和未来的战略，信息系统能为组织提供战略上的竞争优势；工厂型信息系统会影响组织活动的运作，若没有信息系统组织将无法运作，然而信息系统却不能为组织提供目前或未来的竞争优势；支持型信息系统能支持组织活动，其所支持的组织活动多属传统资料处理应用，并非重要的关键作业，更不能提供组织未来的竞争优势；扭转型信息系统是由支持型信息系统到战略型信息系统的一个过渡阶段，也就是说，组织已有支持型信息系统，正试图寻找战略运用的机会。

战略方格的应用有两个方面：（1）分析现有的信息技术应用，给组织一个定位，在规划未来的信息系统时，可以配合战略方格，找出未来的定位；（2）从权变角度来看，不同情境之下，会有不同的做法。因此，战略方格用于指引信息系统规划。它的基础假设是不同类型的组织来规划，对信息系统规划有不同的做法。显而易见，战略型的组织必定很重视信息系统规划，而支持型的组织则不会重视。表 3-1 揭示了各类型组织在信息系统规划时的不同做法。

表 3-1 各类型组织在信息系统规划时的不同做法

战略方格	信息系统规划过程的组织与管理
战略型	有明确的规划指导原则 组织规划和信息系统规划的整合 高层领导规划的组织愿景项目 高层领导承担风险责任 在信息部门中建立创新的文化 了解信息技术长期影响 事业单位对变革采取开放的态度 在信息部门和事业单位间建立合作伙伴关系
扭转型	有明确的规划指导原则 组织规划和信息系统规划的整合 在信息部门中建立创新的文化 事业单位对变革比较接纳 在信息部门和事业单位之间建立合作关系 但高层领导参与较少
工厂型	由组织整体计划引导信息系统 信息单位应有详细系统作业规划与系统容量规划 重视信息系统的稳定性 着重组织现有信息技术基础设施的应用 重视衡量信息技术基础设施和组织的配合度
支持型	高层管理者几乎没有介入 和组织整体计划不发生关联

依照麦克法兰的战略方格，再考虑组织采用技术的积极或保守的作风，可以将在进行信息系统规划中的组织分为先驱型、稳健型和追随型三种类型，如表 3-2 所示。

表 3-2 组织采用信息技术的三种类型

	先驱型（战略型）	稳健型（工厂型）	追随型（支持型）
整体风格	率先采用新技术	采用主流技术	保守地采用成熟技术
信息技术使用目的	取得竞争优势	提高生产力	降低成本
承担风险的态度	积极（高风险）	平衡（低风险）	谨慎（规避风险）
信息密度	高	中	低
经营模式	大量定制化	持续改进	大量生产
信息技术的管理方式	集中亦授权式	分权式	集中但严格控制
信息技术的资金投注	弹性	易变	限定

其中，先驱型的组织走在技术创新的最前端，以信息技术作为竞争武器。他们以竞争优势来衡量较早采用新技术的大量风险。如沃尔玛（Wal-Mart）在零售业以信息技术取得竞争优势，而改变了整个产业。这些组织较偏向于以“大量定制化”的经营模式来经营。稳健型的组织最为常见，他们并非以创新或价格来竞争，而是以全面的服务与整体的价值来竞争。这类组织采用信息技术增进其生产力、提高产品的品质及客户服务水平，他们以稳定的产品和动态的流程改变的“持续改进”的经营模式来经营组织。他们通常会等待某项技术已经成为主流、较为成熟后再采用。追随型的组织以微小的边际成本或规模经济来竞争。他们以稳定的产品和流程，采用“大量生产”的经营模式。这类组织采用信息技术是为了降低成本，他们极为谨慎，会等到某项技术绝对成熟且价格降到低点后才会购买，这通常会等上 1～2 年，以规避风险。

上述三种类型的组织在整体风格和采用信息技术的目的、风险承担的态度、管理方式和资金投入的方式都会不相同，因而，对信息技术战略规划的重视程度和投注的精力也极不相同。因此，当讨论信息技术战略规划的方法时，应分别就这三种类型组织的特点来进行定位，探讨其不同的系统规划方法。

【延伸阅读】

战略一致性模型（Strategic Alignment Model）

战略一致性模型也称战略对应模型、战略策应模型，由 Venkatraman 和他的同事在 1993 年提出。他们认为，企业信息化战略投入价值的难以体现，首先在于企业的运营战略与信息化战略之间缺少策应关系，其次是企业缺少一个动态的操作流程来保证运营战略与信息化战略之间持久的策应关系。由此，以权变思想为基础，提出进行信息化战略规划的 SAM 模型，以帮助企业检查经营战略与信息架构之间的一致性。

经营战略是企业根据外部环境和自身的竞争能力所作的关于发展的目标和规划，信息技术战略则是企业信息化建设的目标、远景、指南和计划的总称，而信息技术的应用需要企业内部信息有一个总体的、一致的结构作为支撑，即信息架构。因此，企业应根据自己的组织战略，站在企业级的高度，认真审视信息与信息技术的作用，思考自身发展的规划，同时结合当前信息技术手段的支持能力，科学地规划信息技术的应用，保持信息化建设战略与组织发展战略一致，建立和完善企业信息架构，并合理地规划组织变革、系统实施等，才能规避信息化建设的各种风险，从而充分发挥信息技术的价值。

第三节　管理信息系统战略规划的常用方法

制订管理信息系统战略规划的方法有多种。目前常用的系统规划方法有企业系统规划法、信息系统架构法、战略集转化法、组织规划法、关键成功因素法、价值链分析法、战略信息系统规划法等。

一、战略集转化法

战略集转化法（Strategy Set Transtormation，SST）是 William King 于 1978 年提出的，他把整个战略目标看成“信息集合”，由使命、目标、战略和其他战略变量组成，信息系统的战略规划过程是把组织的战略目标转变为管理信息系统战略目标的过程。

系统规划的任务是确定信息系统的战略和目标，使它们与组织总的战略和目标保持一致。在这些战略和目标指导下开发的信息系统，能支持组织长期战略的需要。如果达不到这种一致性，信息系统的计划就得不到组织长期的支持。若能从组织的战略和目标导出信息系统的总体目标，则是一种比较理想的结果。

组织的目标和战略在很多情况下不是由书面给出的，因此，第一步，要对组织进行分析。分析的目的有两个：一是考察组织的使命和性质以及它的环境；二是将这些考察结果转化成组织的战略集，最终产生对组织战略的一个精确、简洁和正式的描述。第二步是将组织战略集转化成信息系统战略，信息系统战略规划应包括系统目标、约束以及设计原则等。信息系统的规划犹如一个指南针，它指示着系统的开发方向、基本原理、当前状况、管理策略、实施规划和预算的路线图等，如表 3-3 所示。

表 3-3　信息系统的战略规划

1. 规划的目的	规划内容概述 组织目前状况的改变 组织的战略规划 关键的组织业务流程 管理战略
2. 组织战略规划	当前状况 当前的组织结构 改变的环境 组织规划的主要目标
3. 当前的系统	支持组织职能和过程的主要系统 主要的基础设施性能 硬件 软件 数据库 远程通信 实现组织需求的困难 预期将来需求

续表

4. 新开发的系统	新系统项目 项目描述 业务合理性 新基础设施性能 硬件 软件 数据库 远程通信和因特网
5. 管理战略	获得规划 转折点和时间选择 组织再结盟 内部重新组织 管理控制 人员战略
6. 实施规划	预期实施中的困难 进度报告
7. 预算需求	需求 潜在的节约 融资 获得周期

二、企业系统规划法

企业系统规划法又叫做业务系统规划法（Business System Plan，BSP）。该方法是由 IBM 在 1960 年开发的一种结构化的方法论，其基本出发点是：必须让企业信息系统支持企业的目标，让信息系统战略规划表达出企业各个管理层次的需求，向整个企业提供一致的信息，并且在组织机构和管理体制改变时保持工作能力。BSP 提出的企业信息系统开发的基本步骤如图 3-4 所示，即“自顶而下”进行系统规划和“自底而上”付诸实施。

BSP 方法是一种能够帮助规划人员根据企业目标制订出信息系统战略规则的结构化方法。该方法信守这样的一个观念：组织或者部门的信息需求只能在对整个组织彻底了解的情况下才能够被描述清楚，只有通过对组织的单位、功能、过程和数据诸元素进行详细调查，才能够理解整个组织的状况。因此，通过这种方法，可以确定未来信息系统的总体结构，明确系统的子系统组成和开发子系统的先后顺序；还可以对数据进行统一规划、管理和控制，明确各子系统之间的数据交换关系，保证信息的一致性。

用 BSP 制订规划是一项系统工程，其主要工作步骤如下：

1. 准备工作

成立由最高领导牵头的委员会，下设一个规划研究组。小组所选成员应该来自上层和中层的管理部门。若按工作人员的人力投入来计算，约需 4～7 个成员，满额工作

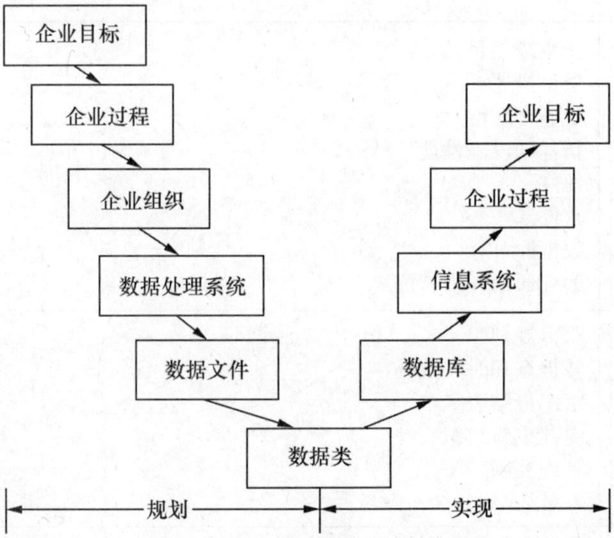

图 3-4　BSP 方法步骤

6～8 周时间。小组首先要提出工作计划，内容包括研究的工作计划、调查计划、工作日程表、研究报告的大纲等。

2. 调研

规划组成员通过查阅资料，深入各级管理层，了解企业有关决策过程、组织职能和部门主要活动及存在的主要问题，并随时进行讨论，使成员全面了解组织和目前存在的问题与信息需求，以及计划中的数据处理支持。

3. 定义业务过程

业务过程亦称企业过程或管理功能组。定义业务过程是 BSP 方法的核心。业务过程指企业管理中必要且逻辑上相关的、为了完成某种管理功能的一组活动，例如产品预测、材料库存控制等业务处理活动或决策活动。

了解业务处理过程是了解信息系统需求和识别关键数据需求的基础。通过使用一定数量的矩阵来建立组织内部处理过程和数据需求之间的联系。如表 3-4 所示，这个业务过程/架构关系矩阵在组织活动和这些活动的负责人之间建立起了联结关系（表中用"＋"所示）。

4. 业务过程重组

业务过程重组是在业务过程定义的基础上，找出哪些过程是正确的，哪些过程是低效的，需要在信息技术支持下进行优化处理，还有哪些过程不适合计算机信息处理的特点，应当取消。

5. 定义数据类

数据类是指支持业务过程所必需的逻辑上相关的数据。对数据进行分类是按业务过程进行的，即分别从各项业务过程的角度将与该业务过程有关的输入数据和输出数据按逻辑相关性整理出来归纳成数据类。因此，定义数据类的目的是了解组织目前的数据状况和数据需求，查明数据共享关系，建立过程/数据类（U/C）矩阵。如表 3-5 所示，

表 3-4 业务过程/架构关系矩阵

处理 / 组织	计划	管理	计划检查	开收据	校订	登记	处理	跟踪	区域管理	销售	行政管理
	商业计划			订货服务					销售		
总经理	+	+						+	+	+	+
销售经理		+	+					+	+	+	+
市场经理		+		+	+			+	+	+	+
总监	+	+									
采购经理		+									
服务经理		+									
生产经理		+		+	+	+	+				

矩阵中的行表示数据类，列表示过程，用字母“C”（Create）表示哪个流程产生该数据，用字母“U”（Use）表示哪个流程使用该数据。U/C 矩阵为下一步设计信息系统的体系结构提供基本依据。

表 3-5 过程/数据类矩阵 I

数据类 / 功能（过程）	客户	订货	产品	加工路线	材料表	成本	零件规格	原材料库存	成品库存	职工	销售区域	财务	计划	设备负荷	材料供应
经营计划						U						U	C		
财务规划						U				U		C	U		
产品预测	U		U								U		U		
产品设计开发	U		C		U		C								
产品工艺			U		C		U	U							
库存控制								C	C						U
调度			U											U	
生产能力计划				U										C	U
材料需求			U		U										C
作业流程				C										U	U
销售区域管理	C	U	U												
销售	U	U	U								C				
订货服务	U	C	U												
发运		U	U						U						
会计	U		U							U					

续表

功能（过程）\数据类	客户	订货	产品	加工路线	材料表	成本	零件规格	原材料库存	成品库存	职工	销售区域	财务	计划	设备负荷	材料供应
成本会计		U				C									
人员计划										C					
人员招聘考核										U					

6. 定义信息系统总体结构

定义信息系统总体结构的目的是刻画未来信息系统的框架和相应的数据类，因此其主要工作是划分子系统，具体实现可利用U/C矩阵。

在表3-5中可对功能分组并重新排列，每一功能组内按功能发生的先后次序排列，然后调换“数据类”的横向位置，使得矩阵中C最靠近对角线，如表3-6所示。在表3-6中，将U和C最密集的地方框起来，给框起个名字，就构成子系统。框外的U说明了子系统之间的数据流向。按照这个划分，整个系统被划分为经营计划、技术准备、生产制造、销售、财会和人事等六个子系统。

表3-6 过程/数据类矩阵II

功能（过程）		计划	财务	产品	零件规格	材料表	原材料库存	成品库存	工作令	设备负荷	材料供应	加工路线	客户	销售区域	订货	成本	职工
经营计划	经营计划	C	U													U	
	财务规划	U	C													U	U
技术准备	产品预测	U		U									U	U			
	产品设计开发			C	C	U							U				
	产品工艺			U	U	C	U										
生产制造	库存控制						C	C	U		U						
	调度			U					C	U							
	生产能力计划									C	U	U					
	材料需求			U		U					C						
	作业流程								U	U	U	C					
销售	销售区域管理			U									C		U		
	销售			U									U	C	U		
	订货服务			U									U		C		
	发运			U				U							U		
财会	会计			U									U				U
	成本会计														U	C	

续表

功能（过程） \ 数据类		计划	财务	产品	零件规格	材料表	原材料库存	成品库存	工作令	设备负荷	材料供应	加工路线	客户	销售区域	订货	成本	职工
人事	人员计划																C
	人员招聘考核																U

7. 确定子系统开发的优先顺序

由于人力、物力、财力和时间所限，整个系统的总体结构是很难同时开发的。规划组要建立子系统和数据库的开发次序，确定哪些子系统应当优先设计和开发。所谓优先开发顺序，就是排列管理信息系统总体结构中子系统内的项目，然后决定一些准则，再按照这些准则来评定这些项目的重要性。

8. 研究成果报告

完成 BSP 研究报告，提出建议书和开发计划。开发计划帮助管理部门对建议项目做出决策，这些项目按总体结构优先顺序和信息管理部门的建议来决定。所制订的开发计划应该确定具体的资源、日程以及和其他项目间的关系，并需估计工作规模，以便调度管理部门。

通过上述 BSP 的工作步骤可以看出，该方法的主要优点如下：（1）支持组织的战略目标。这种方法采用"自顶向下"的规划方式，从组织目标入手，分步向信息系统目标和结构转化。（2）考虑组织中各管理层次的要求。针对三个不同层次（战略层、管理层、操作层）的管理和活动，查明不同层次的信息需求，其中特别注意了对管理有直接影响的决策支持。（3）从方法论上摆脱信息系统对旧有组织机构的依赖性。业务系统规划方法首先着眼于组织业务过程，组织最基本的活动和最基本的决策是可以独立于任何层次和管理职责之外的。（4）优化信息系统的整体结构。系统定义与规划的策略是"自顶向下"，这样可以保证结构的完整性和信息的一致性，使数据的结构和记录格式、更新时间与更新规则等都可在总体规划下统一制订。（5）便于实施。系统设计和实施策略是"自底向上"，这样可以鼓励管理层与操作层的积极参与。同时在信息系统结构设计的同时，还考虑到了项目实施的先后次序和实施步骤。

BSP 的弱点是它产生了搜集起来非常昂贵和分析起来非常困难的大量的原始调查数据。另外，调查的问题常常不是集中在管理的关键目标（或关键成功因素）上，而是着眼于组织现状的复杂描述上。

三、关键成功因素法

关键成功因素法（Critical Success Factors，CSF）是哈佛大学的扎尼（W. Zani）教授于 1970 年提出的分析方法。关键成功因素指的是对企业成功起关键作用的因素。CSF 法就是通过分析找出使企业成功的关键因素，然后再围绕这些关键因素来确定系统的需求，并进行规划。也就是说，使用CSF进行管理信息系统的规划，可以让人们清楚地了解为了实现组织的信息化，哪些事情必须要做，哪些事情不必要做，哪些事情必须先做，哪些事情可以暂缓。

通常，不同企业、不同部门、不同业务活动中的关键成功因素是不同的，这与组织所处的行业结构、竞争策略、所处地位、市场和社会环境的变动等有关。例如，物资企业和供应公司的物资管理环节、排版公司的排版系统和员工电子邮件系统等，都是直接影响企业竞争力的关键环节。

CSF分析包括以下四个步骤：（1）了解组织及信息系统的战略目标；（2）识别影响战略目标的所有成功因素，即分析影响战略目标的各种因素和影响这些因素的子因素；（3）确定关键成功因素，如汽车制造业的制造成本控制，保险业的新项目开发和工作人员的效率控制等；（4）识别每个成功因素的性能指标和评估标准。

使用CSF的主要方法是进行3～4个高层管理者的面谈。CSF的优点之一是它要比BSP产生的数据集小，问题集中在少量的关键成功因素。该方法所产生的系统对于组织更具有定制性。

CSF方法还可以清楚地让管理者察看环境，形成他们的信息需求，所以尤其适合高层管理的系统诸如决策支持系统（DSS）、领导支持系统（ESS）的开发。

该方法的主要缺点是数据的集合过程和分析太过简单，没有一个特定的、严格的方式。该方法明显偏向于高层管理者，因为只有他们才是系统规划人员访问的对象。另外，在个人和组织的关键成功因素之间，访问者与受访者中间常常会产生困惑，例如，某些因素对管理者来说是关键成功因素，但事实上对组织来讲也许并不重要。

【延伸阅读】

常用系统规划方法比较

表3-7为目前常用的系统规划方法。其中，ISA为信息系统架构法，SST为战略集转化法，PP为组织规划法，VCA为价值链分析法，SISP为战略信息系统规划法。

表3-7 常用系统规划方法

方法	走向	周期性	关注重点	主要目标	出发点
BSP	自下而上	长周期	内部需求	创建一致的系统框架	技术
ISA	自上而下	长周期	内部需求	系统框架和层级计划的假设一致	技术
SST	自上而下	长周期	内部需求	保证系统与战略一致	管理
PP	自下而上	中长期	外部需求	从战略引出信息系统划分优先级	管理
CSF	自上而下	短期持续性	外部需求	明确信息需求、支持需求变化	管理
VCA		短周期	外部需求	标识关键增值环节	市场
SISP	自上而下	持续性	外部需求	创建竞争优势	组织

第四节　企业流程重组

组织的信息系统战略规划是指在理解企业的发展远景、业务规则的基础上，形成信息系统的远景、信息系统的组成框架、信息系统各部分的逻辑关系，以支撑企业商业规划的目标。因此，新系统的引入远远不止硬件和软件的引入，它还包括工作、技术、管理和组织的改变。事实上，为组织设计一个新的信息系统时，意味着正在重新设计这个组织。

一、概念

在手工管理方式下，企业已经形成了一个比较成型的企业流程和管理方法。而信息技术的应用有可能改变原有的信息采集、加工和使用方式，甚至使信息的质量、获取途径和传递手段等都发生根本性的变化。

企业流程（过程）是指为完成企业目标或任务而进行的一系列跨越时空的、在逻辑上相关的业务活动。比如仓库收货的业务流程可能是：保管员验收货物并做记录、通知采购员、签收货物发运单、填写入库单并入库、分发入库单、填写送验单等。而引入新的信息系统可以使原来的流程变为：采购员提交货物入库单，保管员核实后决定通过与否。如表 3-8 所示，一个新的管理信息系统可以成为组织变化的强有力手段，使组织重新设计他们的结构、范围、权力关系、工作流程、产品和服务。

表 3-8　信息技术是如何改变组织的

信息技术	组织变化
全球网络	劳动力的国际分配：一个组织的操作不再由本地决定；组织在全球范围扩展；全球协调费用降低，组织的事务性费用降低
组织网络	团队合作：组织工作完全跨越了部门界限；广泛分布的任务力量成为首要的工作组；管理费用、代理费用降低；组织业务流程改变；团队沟通、群组协调与合作方式改变
分布式计算	授权及自我管理：个人或团队具有独立行动所需的信息和知识，使充分授权与自我管理成为可能；管理费用降低；组织业务流程被重新设计、优化
可移植计算	虚拟组织：工作不再和地理位置紧密相关，知识和信息可以被传送到任何需要的地方，工作成为可移动的，会议可以发生在不同的时间和不同的地点；组织的管理成本随着组织对办公实体空间依赖性的减少而大大降低
图形用户界面（GUI）	交互性与访问性：组织中的每一个人（当然包括组织的领导）都可以访问信息和知识；工作流程可以自动化，而且都可以从远程获得。组织信息处理的费用随着工作流程从纸张转换到数字图像、文档和语音而降低

企业业务流程重组/再造（Business Process Reengineering，简称 BPR）是 20 世纪 90 年代初由美国学者迈克尔·哈默（Michael Hammer）和詹姆斯·钱皮（James Champy）等提出的一种观念。企业业务流程重组就是对企业的业务流程进行根本性的再思考和再设计，以求获得企业经营方面的巨大业绩。其本质是根据新技术条件下信息处理的特点，依事物发生的自然过程寻找解决问题的途径。

业务流程重组的内容包括四个重要方面：（1）重组的内容是业务流程。流程的重组可能会导致企业组织的变化，重组过程会使得企业完成工作所真正需要的组织机构变得明确、清晰，企业原有部门、科室的分工将会改变。（2）根本性的思考。在企业实施流程重组的最初阶段，不需要任何条条框框的限制，同时抛弃一般认可的习惯和假设，关注的是“为什么要做现在的事、为什么以现在的方式做事、现在的工作方式有什么不足、有没有别的工作方式”。（3）彻底的重新设计。企业流程重组是彻底的、全方位的再造，包括观念、流程、组织、文化的再造。其中，信息技术应用是流程重组的核心，它既是流程重组的出发点，同时也是流程重组最终目标的体现。（4）巨大业绩。进行企业流程重组的目标不是为了获得小的改善，而是取得业绩的巨大进步，即“是改革而不是改良”。

二、步骤与方法

业务流程重组实际上是站在信息的高度，对企业流程的重新思考和再设计，是一个系统工程，包括在系统规划、系统分析、系统设计、系统实施与评价等整个规划与开发过程中。

因此，业务流程重组不仅涉及技术，也涉及人文因素，包括观念的重组、流程的重组和组织的重组，以新型企业文化代替老的企业文化，以新的企业流程代替原有的企业流程，以扁平化的企业组织代替金字塔形的企业组织。

在信息系统分析中，要充分认识信息作为战略性竞争资源的潜能，创造性地对现有业务流程进行分析，找出现有流程存在的问题及产生问题的原因，分析每一项活动的必要性，并根据企业的战略目标，采用关键成功因素等方法，去发现正确的业务流程，如在信息技术支持下，有些活动可以合并，管理层次可以减少，有些审批检查可以取消等。

企业流程重组的主要内容可以分为三个步骤。首先是业务流程诊断，包括确定流程的主要问题是什么、问题出在某个流程内部还是出在流程之间的关系上、管理流程与经营流程是否一致。业务流程诊断首先是要营造业务流程再造的环境，利用先进的技术方法进行业务流程的诊断工作。主要任务包括获得企业高层领导的有利支持；做好企业电子商务流程再造的宣传工作；组成企业电子商务流程再造的工作小组并制订工作计划；确定企业的核心业务流程和选定企业电子商务流程再造的备选流程，以及识别电子商务技术环境。

业务流程诊断主要是再造流程分析和流程重新设计。工作主要包括：对备选流程的进一步分析；制订流程再造计划；对备选流程进行诊断，分析流程中存在的问题；重新设计流程；设计与之相适应的人力资源结构；选择电子商务平台。

其次是业务流程改造策略，即利用创造性的策略构造新流程。利用各种流程再造方法，例如角色扮演、文件处理测试以及工作流设计等方法确认流程进一步改造的机会，将全部流程以直观的方式进行描述，并将采纳的方案就需要对流程各个阶段的人力资源重新组织、信息服务开发和执行、程序简化等提供整体的策略方案。

在业务流程改造策略实施时必须注意各种问题，如在设计人员资源结构时尽量减少员工的不满；在新流程的运行过程中，要加大对员工的培训力度等。

第三步是监控与评价。再造流程的监控和评价包括对在流程再造启动阶段设置的质量目标以及新流程进行动态监控。对流程的度量需要考虑以下方面：流程表现，即循环期、成本、顾客满意度、资源消耗；信息技术表现，即故障时间、文件减少；生产率指数，即每小时的订单处理，销售数量等。评价阶段和诊断实施阶段之间的有效反馈是必要的，一方面提供对重新设计流程行为的审计，另一方面也为新流程的进一步调整提供依据。另外，新流程与信息技术的协调需要一个过程，且新流程的执行过程也是一个不断调整的过程。

【延伸阅读】

信息化环境下的业务流程设计

业务流程设计有以下原则可供参考：以过程管理代替职能管理，取消不增值的管理环节；以事前管理代替事后监督，减少不必要的审核、检查和控制活动；取消不必要的信息处理环节，消除冗余信息集；以计算机协同处理为基础的并行过程取代串行和反馈控制管理过程；用信息技术实现过程自动化，尽可能抛弃手工管理过程。

【案例】

某国有企业在信息化规划方案决策上的困境

某大型国有企业，在全国各地的不同地区设有多个生产分厂和营销机构或办事处，员工人数将近2 000名。该公司基础管理良好，在过去的十余年里，产值快速增长，经济效益也比较理想。产品研发上主要走引进新技术和模仿技术的路线，年度研发投入占产值的15%以上，在专门用途的产品方面有绝对的市场主导地位。近年来随着市场竞争的日益加剧，尤其是我国加入WTO后对于知识产权的重视，该公司经营中呈现出竞争不利的预兆，决策层开始有危机感，由此决定首先建设一个比较完整的ERP系统，随后陆续建设产品研发支持系统和市场信息分析系统，并以此促进管理变革，提升市场竞争力。

由于受到企业体制的限制，管理变革的难度很大。该公司在信息系统人员配置上，仅有工作时间很短的两位相关专业的员工。在信息化建设方面，已经建有工资管理、人事档案管理和生产计划统计等单项功能的信息系统。在信息基础设施方面，建有一个局域网和一个小型的数据库，主要用于文档的传输，数据库中的数据没有实现跨部门的共享。

他们第一步要做的是制订信息化规划。围绕这项工作，公司的主要领导和相关人员展开了以下两类问题的讨论：(1) 采用什么方式实施信息系统项目。是自己开发、委托开发、购置商品软件，还是采用合作或集成的方式，或是外包？如果外包，那么外包的内容和策略又如何？(2) 如何组建一个信息管理部门。是组建一个直属总经理管辖的部门，还是归属某职能部门的分支机构？该部门的岗位如何设置？这些岗位应该被赋予怎样的职责？

该公司经过一段时间的研究和探讨，除了采用合作参与的外包方式和设置直属总经理管辖的信息管理部门的做法有了一致的意见并形成决定外，其他方面还是拿不定主意。又过了一段时间，这些遗留问题依然没有答案，规划工作仍然无法取得进展。该公司在信息系统开发方式和信息管理部门建制具体问题上处于悬而难决，在客观上延误了应用信息系统支持管理变革和提高竞争力的战略的实施。

讨论：

1. 该公司在信息化规划上面临什么问题，导致了怎样的局面？

2. 引发这些问题可能的主观和客观原因有哪些？

3. 假定你是一位讨论参与者，请对这些悬而未决的问题提出你的建议。

本章小结

信息系统是先进的科学技术与现代管理相结合的产物，是一个结构复杂、影响因素众多的系统，系统建设者必须深刻理解系统建设工作的复杂性，运用科学的建设方法，进行系统规划。信息系统战略规划的内容包括：信息系统的目标、约束及总体结构；单位的现状；业务流程的现状、存在的问题和流程在新技术条件下的重组；对影响规划的信息技术发展的预测；近期计划。信息系统战略规划的理论有诺兰阶段模型、麦克法兰的战略方格等；常用方法介绍了企业系统规划法、关键成功因素法等。

习 题

1. 试简要描述诺兰的六个阶段模型，它对组织信息系统的规划有何指导意义？

2. 试将麦克法兰战略方格中的战略型和扭转型两个模式加以比较，并各找一个实例来说明它们在信息系统规划过程中的组织与管理有什么特点。

3. 业务系统规划（BSP）方法有哪些优点？它的不足之处是什么？讨论在BSP中，“自顶向下”与“自底向上”的两个策略的含义是什么。

4. 关键成功因素（CSF）方法的优点有哪些？它的不足之处是什么？

5. 试述业务流程重组的概念和内涵。

第4章

管理信息系统的开发

【案例导入】

数据挖掘看穿你的需求

在一家美国超市的 POS 机前，售货员小姐扫描了你购物车中的物品后，计算机会显示给她一些信息。然后，她会友好地问你："我们有一种一次性的纸杯正在促销，位于 F6 货架，您需要购买吗?"

结果你说："啊，谢谢你！我刚才一直没找到纸杯!"

因为计算机系统的显示是：购物车中有餐巾纸、大瓶可乐和沙拉。那么 86%的可能性是你需要购买一次性纸杯。因为你可能要办一个家庭小聚会。

第一节　引　言

管理信息系统的开发是在系统规划的指导下，分析、设计、实现一个管理信息系统的过程。管理信息系统开发方法是指在管理信息系统开发过程中的指导思想、逻辑、途径以及工具等的组合。

一、系统开发策略

开发管理信息系统有两种策略，分别是"自顶向下"和"自底向上"策略。

"自顶向下"（Top-down）的策略强调由全面到局部，由长远到短期，由上到下，从探索、开发合理的信息流模型出发来设计适合这种信息流的管理信息系统。这种开发策略的具体步骤为：分析组织的目标、环境（包括管理业务）和系统运行的条件；根据总目标确定各项具体功能；确定需要决策的内容；根据每项决策的内容确定所需的信息；为整个系统建立子系统的规范，即把各项决策的内容和信息需要分别归纳、组织到各个子系统中去；制订开发子系统和数据库的先后顺序。

这种策略的优点是：对整个计划来说，它是一种逻辑性很强的策略，可按优化的方式来逐层设计各层的功能和子功能，合理设计各个子系统之间的联系，从而形成一个优化的信息系统模型。这种策略的缺点是：因为要从组织的目标开始，一直分解到具体的子系统和模块，有些组织难以制订规模如此之大的方案。

“自底向上”（Bottom-up）的策略是从现行系统的业务状况出发，先逐个实现具体功能（或称应用），逐步由低级到高级，自下而上实现信息系统的总目标。数据处理是任何信息系统的基本功能，所以“自底向上”这种策略首先从开发各项数据处理应用开始，然后，按需要逐步增加有关计划、控制、决策方面的功能。

这种策略可具体分为以下五个阶段：在文件管理系统的支持下，逐一实现单独的应用系统，而其主要功能是数据处理；把有关文件综合到数据库中，并使用数据库管理系统来管理数据；在数据库的支持下，增加决策模型和各种计划模型；把各种模型综合成为模型库，同时数据库也因数据需要量的增加而扩展；把策略计划模型和有关数据加入到信息系统。

在条件不足的情况下，采用“自底向上”的策略设计信息系统，可以避免因规模太大而不能运行的危险，但它的缺点是不能如想象的那样完整周密。由于事先没有从整个系统出发，而没有充分考虑情况的发展和变化，随着系统开发的进展，往往需要重新设计许多模块。

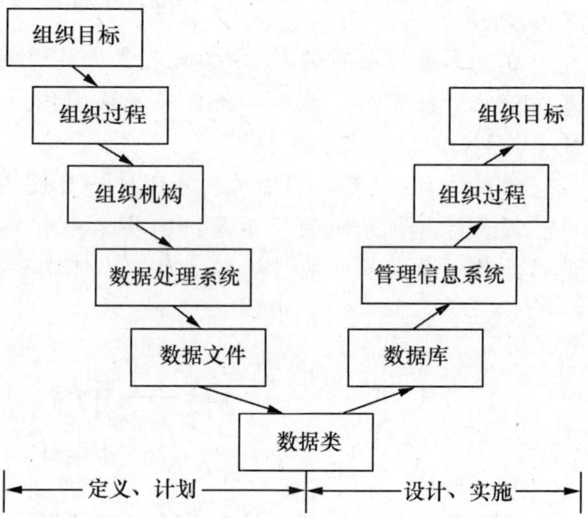

图 4-1 “自顶向下”与“自底向上”的策略

在实践中，我们往往把以上两种策略结合使用。比如，一方面利用“自顶向下”策略定义系统的整个结构，可以保证系统结构的完整性和信息的一致性，使数据结构和记录格式、更新时间与更新规则等都可在总体规划下统一制订；另一方面，为使系统便于设计和推行，利用“自底向上”的策略逐步推行各个子系统的开发工作。如图 4-1 所示，这种“规划和设计自顶向下，实施过程则自底向上”的策略，就是两种策略结合使用一个极好的例子。

二、系统开发方法

系统分析和设计方法至今已有几十种，有些方法的基本思路不相同，有些方法则是相互间只有细小技术上的差别。按时间过程来分，可分为生命周期法和原型法。其中，原型法还可按照对原型结果的处理方式分为试验原型法和演进原型法。按照系统的分析要素，可分为面向处理方法（Processing Oriented，PO）、面向数据方法（Data Oriented，DO）和面向对象方法（Object Oriented，OO）。如表 4-1 所示。

表 4-1　系统开发方法分类

按时间过程	面向处理（PO）	面向数据（DO）	面向对象（OO）
生命周期法 LC 原型法 PROT.	LC-PO PROT. -PO	LC-DO PROT. -DO	LC-OO PROT. -OO

在上述方法中，真正称得上具有完整认知体系基础的系统开发方法只有三种，即生命周期法、原型化系统开发方法和面向对象的系统开发方法。

1. 生命周期法

生命周期法（System Development Life Cycle，SDLC）是在 20 世纪 70 年代初发展起来的，它是迄今为止最传统、应用最广泛的一种系统开发方法。正如生物体从形成胚胎到发育、成长、成熟、死亡的过程一样，任何一个信息系统都有其产生、发展、成熟、消亡或更新换代的过程，我们称这个过程为“生命周期”。生命周期法的基本思想是：用系统工程的思想和工程化的方法，按用户至上的原则，结构化、模块化、自顶向下地对系统进行分析与设计。如图 4-2 所示，给出了一个信息系统的生命周期模型，这模型犹如多级瀑布，因此通常称为“瀑布模型”（Waterfall Model），是一种较有代表性的生命周期模型。

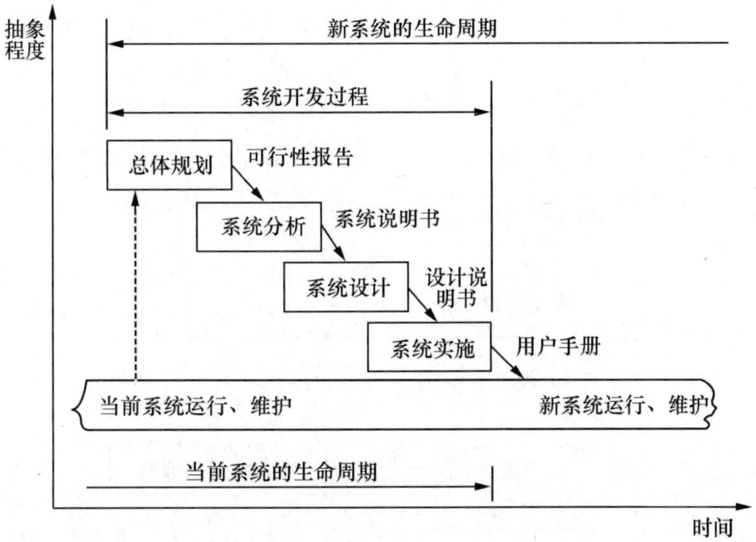

图 4-2　信息系统开发的“瀑布模型”

生命周期法的主要优点是：整个开发过程，阶段和步骤划分清楚，每一阶段和步骤都有明确的成果，这些成果以可行性分析报告、系统分析报告、系统设计报告等“里程碑”文件的形式确定下来，并作为下一步工作的依据。在每一个阶段或步骤中，整个项目可以划分为许多组成部分，各部分可各自独立开发工作，但须按时到达阶段或步骤的终点，这样才有利于整个项目的管理和控制。因此，生命周期法亦称为结构化系统开发方法。

系统生命周期法适用于对复杂的技术系统诸如太空发射、空中交通和精炼厂等的操作。但是，在实践过程中也暴露出这种方法的一些局限性。一是系统生命周期法花费大且耗时长、不灵活，需要产生大量的新文档，如果需求和说明需要修改，这些阶段需要重复。二是由于生命周期活动顺序重复会造成时间和开支的耗费，该方法鼓励在开发过程的早期就明确定义“里程碑”文件、冻结设计说明，不倡导改变。三是生命周期法不适合面向决策的应用如决策支持系统（DSS）和领导支持系统（ESS），以及许多小的桌面系统，因为这些问题是半结构化、非结构化的。四是整个系统开发工作属劳动密集型，各阶段的工作从系统分析、系统设计到系统实施，绝大部分靠人工完成，这使系统开发成本高、效率低。

2. 原型化方法

多年来，传统的生命周期法（SDLC）一直是信息系统开发的主要方法。生命周期法从系统的全局入手，强调严谨性，要求在系统建立之前，就要严格定义系统需求。但在现实的开发过程中，却难以做到这一点，给系统开发带来一定困难。原型化方法正是克服这个困难的一种方法。

原型化方法（Prototyping，或译作雏形系统设计方法，简称原型法）的基本原理是在 1977 年提出的，它试图修补生命周期法的缺点，使用户与系统分析设计人员能够密切合作，缩短系统开发的周期，提高开发效率和用户对系统的满意程度。原型化方法要求在系统开发的初期，尽快建构一个功能不十分完善、实验性的、简易的应用系统基本框架（即原型），使用户能及早看到未来系统的概貌，并对原型提出意见。而开发人员逐渐修改和完善原型，使之满足用户的要求。原型化方法是在确定需求、开发原型、使用原型、改进与提高四个阶段中多次反复、不断演进的一个开发过程，如图 4-3 所示。

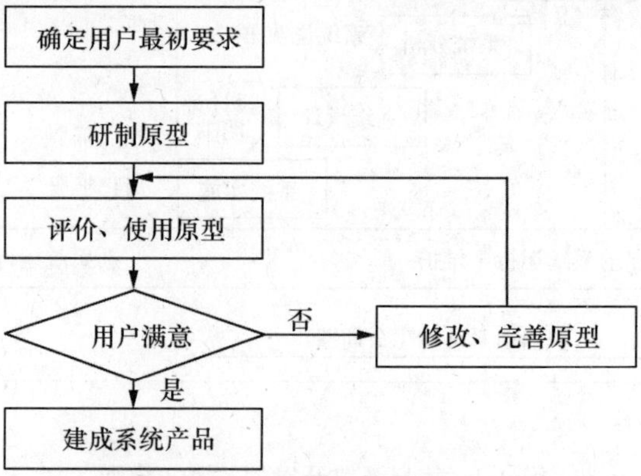

图 4-3 原型化方法的基本思路

当需求或设计方案存在不确定性时，例如半结构化或非结构化的决策问题，原型法是最适合的选择。另外，原型法在信息系统终端用户界面（End-user Interface）的设计上特别有价值。原型法鼓励终端用户在系统开发的过程中积极参与，能使用户立刻对他们将要打交道的系统部分做出反应，而不像在生命周期法中那样至少等上一到两年的时间。

原型法贯彻的是“自底向上”的开发策略，它更易被用户接受。但是，由于该方法在实施过程中缺乏对管理系统全面、系统的认识，因此，它不适用于开发大型的管理信息系统。该方法的另一不足是每次反复都要花费人力、物力，如果用户合作不好，盲目纠错，就会拖延开发过程。

3. 面向对象的开发方法

面向对象的开发方法是从 20 世纪 80 年代末各种面向对象的程序设计方法如 Smalltalk、C^{++}等逐步发展而来的。随着应用系统日趋复杂、庞大，面向对象方法（OO）以其直观、方便的优点获得广泛应用。面向对象开发方法以类、类的继承、聚集等概念描述客观事物及其联系，从另一角度为我们认识事物、进而开发系统提供了一种全新的思路和方法。

可将用 OO 方法开发一个系统分为四个阶段：

（1）系统调查和需求分析。对系统将要面临的具体管理问题以及用户对系统开发的需求进行调查研究，即先弄清要干什么的问题。

（2）分析问题的性质和求解。在繁杂的问题域中抽象地识别出对象以及其行为、结构、属性、方法等，这一阶段一般称为面向对象分析，简称为 OOA。

（3）整理问题。即对分析的结果作进一步的抽象、归类、整理，并最终以范式的形式将它们确定下来，这一阶段一般称为面向对象设计，简称为 OOD。

（4）程序实现。即用面向对象的程序设计语言将上一步整理的范式直接映射（即直接用程序语言来取代）为应用程序软件，这一阶段一般称为面向对象的程序，简称为 OOP。

三、管理信息系统的开发过程

一个系统用了若干年后，可能由于新情况、新问题的出现，人们又提出了新的目标和新的要求，从而要求设计更新的系统。开发一个新的管理信息系统显然是一个把人工作业转化为计算机作业的过程。这种转化通常被认为是仅仅涉及计算机编程，但事实上并非如此。要开发一个功能完善、性能良好的管理信息系统，除了 IT 人员，业务人员还有更多事要做。

要使开发出来的新系统能满足实际需求，在着手编程之前，必须考虑以下三个问题：

（1）组织要求系统解决什么问题；

（2）为了解决这些问题，系统应做些什么；

（3）在解决问题的时候，系统应该怎样去做。

其中，第一个问题通过信息系统可行性分析来确定；第二个问题是系统分析阶段的任务；第三个问题是系统设计的任务。因此，开发一个新的管理信息系统需要经过如表

4-2 所示的四个阶段：可行性研究、系统分析、系统设计、系统实施。

表 4-2 MIS 开发过程的核心活动

<table>
<tr><th>核心活动</th><th>描述</th><th>工作人员</th><th>工作量</th></tr>
<tr><td>可行性研究</td><td>经济、技术、操作上的可行性
系统可行性分析报告</td><td>用户
系统分析员
项目管理员</td><td rowspan="2">7%</td></tr>
<tr><td>系统分析</td><td>描述确定问题
说明解决方案
确定信息需求
系统分析说明书</td><td>用户
系统分析员
项目管理员</td></tr>
<tr><td>系统设计</td><td>总体设计
详细设计
MIS 的技术实现</td><td>系统分析员
高级程序员
项目管理员</td><td>6%</td></tr>
<tr><td>程序设计</td><td>把设计说明转换为程序代码</td><td>项目管理员
程序员</td><td>7%</td></tr>
<tr><td>系统测试</td><td>模块测试
系统测试
系统总测试</td><td>用户
高级程序员
程序员</td><td>13%</td></tr>
<tr><td>系统转换</td><td>计划转换
准备文档
培训用户和技术人员</td><td rowspan="2">用户
系统分析员
项目管理员
程序员</td><td rowspan="2">67%</td></tr>
<tr><td>运行维护</td><td>操作该系统
评价该系统
修改该系统</td></tr>
</table>

1. 可行性研究

新系统是在旧系统（手工的或计算机的）基础上发展起来的。提出开发新系统的要求，往往是由于发现旧系统存在着问题。为此，首先要对开发管理信息系统的必要性进行可行性分析，提出可行性研究报告。只有当可行性分析确认系统开发可行，并经领导批准后，才可进入应用系统的开发。

2. 系统分析

为了实现开发管理信息系统的任务，需要把原来由管理人员随机应变地进行管理的工作纳入一个相对固定的计算机系统之中，同时还要对原有系统存在的问题进行整顿和改进，这就决定了系统分析工作的复杂性。

系统分析的任务就是要彻底搞清用户要求，通过对选定的对象进行详细调查和分析（分析环境、分析需求、分析目标），进而进行数据分析和功能分析，在此基础上提出系统的初步模型（又叫逻辑设计），并完成系统分析报告。系统分析报告要送交用户单位领导审核和批准后才可执行。

3. 系统设计

系统设计包括总体设计和详细设计。系统设计阶段的成果为系统设计报告，这份报告也要经过领导审核，然后才可进入系统实施阶段。

4. 系统实施

系统实施包括编写和调试程序、编写技术文件、系统转换、系统运行和系统评价等。

第二节 管理信息系统的系统分析

一、可行性研究

组织系统的可行性研究的目的是避免盲目投资，减少不必要的损失。可行性研究包括系统开发的可行性和必要性两个方面。开发的可行性就是指是否具备开发的条件，而必要性则是指客观上组织是否真的需要开发。可行性研究是信息系统开发过程的第一步，它着重分析研究在给定的组织资源和限定下，系统开发是否可行或是否能够实现。信息系统开发的可行性分析应从经济上、技术上、操作上三个方面考虑。

1. 经济上的可行性

经济上的可行性（Economic Feasibility）包括两个方面：一是初步估计开发需要多少的投资，资金是否落实；二是估计系统正常运行期间能带来的效益，这包括可以用货币估算的经济效益，也包括不能用货币计算的经济效益（或称为间接效益）。

一般来说，新系统所需投资有以下几个方面：设备费用，包括计算机硬件和软件、外部设备、电源设备、机房建设和环境设施等费用；人员费用，包括系统开发费、操作和维护人员的工资、员工培训的费用；材料费用，比如打印纸、磁盘、水、电等日常消耗性物资的费用；其他费用，除上述费用以外的一切有关费用。

新系统的收益一般有：提高数据处理的及时性和准确性；节省人力，减轻劳动强度；降低生产管理费用，加快资金周转，从而降低产品成本；使用信息更方便，从而使决策更及时、准确；提高与同行业务竞争的能力；可见的经济效益、社会效益及其他效益。

经济上的可行性分析，并不是要对已付诸实施的系统作经济评价。经济上的可行性分析应该是对新开发系统的一次粗略的评估，只估算大致的投资总数与系统的开发等费用，以及系统投入运行后，系统主要功能所带来的直接与间接经济效益是否大于成本。

2. 技术上的可行性

技术上的可行性（Technical Feasibility）是指凭借现有的技术条件来实现信息系统的可能性，这些条件包括目前国内市场或国际市场上能提供的计算机硬件和软件、通信设备以及计算机网络。组织还应了解有关机构提供维护等技术服务的条件等，并评估系统规划中所建议的开发方案是否能利用所提供的硬件、软件和技术资源来实现。

3. 操作上的可行性

操作上的可行性（Operational Feasibility）可归结为：组织的系统规划中所建议的方案在现有的管理和组织框架中是否合适。这其中还包括管理人员的态度、管理条件等。

除技术与经济上的因素外，组织成员和社会因素也影响着信息系统实现的可能性。另外，组织的科学管理基础、原始数据的收集与统计、社会与政府政策上的限制条件和要求，都是开发信息系统的约束条件。

4. 管理信息系统开发的可行性分析报告

作为可行性分析的一个阶段性成果，需要根据研究分析的结论，向上级主管部门提交一份管理信息系统开发的可行性分析报告。

可行性分析报告的主要内容包括：

（1）现行系统概况，包括组织机构目标、规模、组织架构、人员、设备、效益等情况；

（2）目前信息系统的概况、存在的主要问题和主要的信息需求等；

（3）拟建系统的总体方案；

（4）经济可行性分析，包括新系统的投资、运行费用、经济效益和社会效益；

（5）技术可行性分析，包括对技术提供的评估，对使用所有技术来建立系统，以达到预期目标的可行性作分析；

（6）系统运行（操作上）的可行性分析，分析新系统运行对管理思想、管理体制和方法变更的要求，实施各种有利于新系统运行的改革建议的可行性、人员的适应性；

（7）结论，根据上述分析，对系统开发工作是否要开展得出一个清楚的结论。

对系统开发工作的结论可能是如下几个结论中的一个：

（1）信息系统的开发工作可以立即开始；

（2）需要增加资源才能开始，例如增加投资或人力；

（3）需要推迟，直至某些条件（例如组织机构的调整）具备后才能启动；

（4）需要对系统目标作某些修改才能起步；

（5）不可能或没有必要进行，原因可能是经济上不合理、投资预期相差太多等。

二、系统分析

系统分析（System Analysis）是在系统规划的指导下，解决系统“做什么”的问题，主要通过详细调查和需求分析，深入描述和研究现行系统的工作流程、数据流程以及用户的各种需求，构思和设计用户比较满意的新系统逻辑模型。显然这仅是一个“纸上谈兵”的环节，系统是否开发成功，需待实施运维阶段才见分晓。

系统分析员是本阶段的主持者和主要承担者，在整个系统开发工作中是管理人员（用户）和计算机技术人员的桥梁。系统分析主要包括初步调查、详细调查、系统化分析、研究和确定管理模型、提出新系统的逻辑方案等内容。

1. 现行系统调查

新系统一般都是在现行系统的基础上发展而来的。因此，组织通过对当前系统的调查，搜集整理有关数据，弄清业务状况，查明执行效果，发现薄弱环节，为改进当前系统和开发高质量的新系统提供可靠的资料。系统调查工作通常分为两个步骤：初步调查和详细调查。

初步调查是在总体规划阶段完成的，调查的主要目的是收集并整理与整个系统有关的资料、情况及存在的问题，即了解一个企业的概貌及其对信息的总需求：现行系统有什么、需要什么；在现有资源下能提供什么、缺什么（约束条件）；此项目有无必要和可能做进一步的调查与开发。在初步调查阶段需要注意的是，用户在表述其需求时可能存在能否“忠实表达”和“表达差异”问题。

详细调查在系统分析阶段完成，即集中一段时间和人力，通过各种途径对现有系统做全面、充分和详细的调查，以弄清现行系统的组织机构，人员分工，业务流程，各种计划、单据和报表的格式、种类及处理过程，企业资源及约束情况等，为系统开发做好原始资料的准备工作。

详细调查主要包括对现行系统的定性调查和定量调查。定性调查是对现有系统的功能进行总结，包括组织结构、管理功能、工作流程、处理特点及现行系统运行的调查等，是对现行系统经营管理理念的收集与整理。定量调查是对现行系统进行规范、标准的数据采集，弄清数据流量的大小、时间分布、发生频率，掌握系统的信息特征，据此确定系统规模，估计系统建设工作量，为下一阶段的系统设计提供科学依据。

组织应在系统分析一开始时就成立调查组，由使用单位的业务人员、领导人员和设计单位的系统分析员、系统设计员共同组成。系统调查是系统开发过程中的基础工作，它可以为改进当前系统和开发高质量的新系统提供可靠的资料。系统调查采用的方法通常有收集资料、开调查会、访问、书面调查、参加业务实践等。

2. 组织结构与职能分析

组织结构是一个组织（部门、企业、车间、科室等）的组成以及这些组成部分之间的隶属关系或管理与被管理的关系，通常可用组织结构图来表示，如图 4-4 所示。

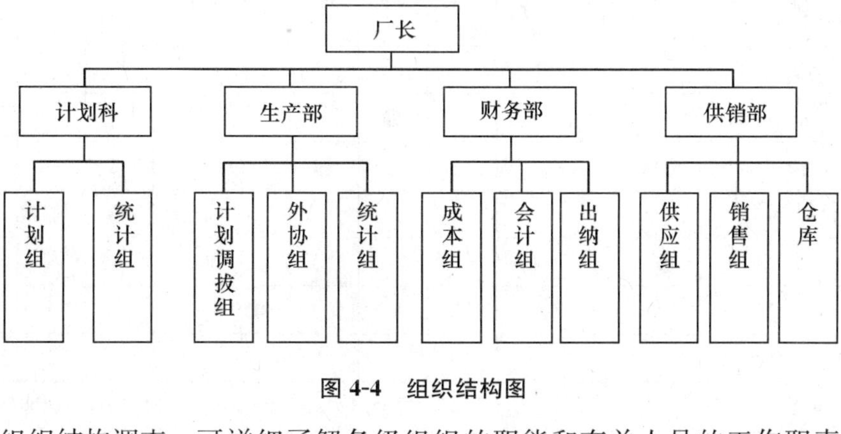

图 4-4　组织结构图

通过组织结构调查，可详细了解各级组织的职能和有关人员的工作职责、决策内容、存在问题以及对新系统的要求等。根据调查结果，分析各部门之间的内在联系，分析各部门的职能是否明确、是否能真正发挥作用，并根据同类型组织国际、国内先进管理经验，对本单位组织结构的合理性进行分析，为决策者提供调整机构设置的参考意见。

为了实现系统目标，系统必须具备各种功能。对各部门的功能进行整理和归纳，可形成现有系统的功能结构图，来描述从系统目标到各项功能的层次关系，如图 4-5 所示。

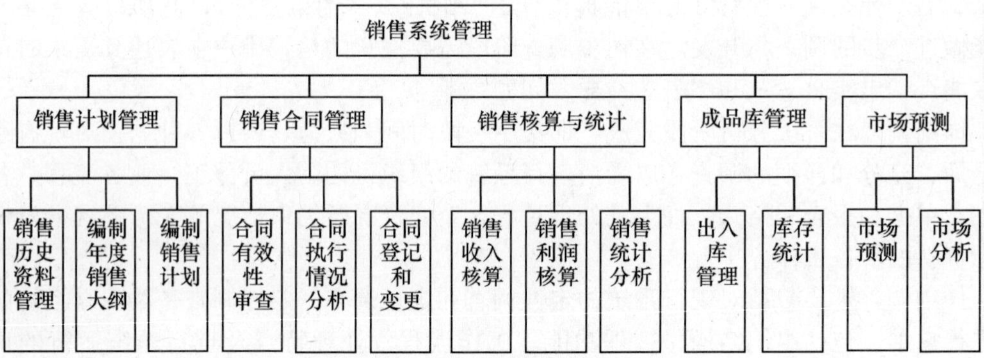

图 4-5 某系统的管理功能图

组织结构图可反映组织内各部门之间的上下级隶属关系，但对于组织内部各部门之间的关联程度、各部门的主要业务职能及其所承担的工作却反映不出来。因此，在组织功能调查分析中，可引入组织/功能关系矩阵，如表 4-3 所示。通过该矩阵，可对组织内部各部门的主要业务职能、所承担的工作以及各部门之间的业务联系进行分析，为后续业务流程和数据流程分析服务。

表 4-3 某系统组织/功能关系矩阵

组织 功能	计划科	统计科	生产科	质量安全科	预算合同科	财务科	销售科	材料供应科	设备科	劳资科	人事科	行政科	保卫科	⋮
计划	●	√	○				○	○						
销售		√		√		○	●							
供应	√		○					●						
人事										○	●	√	√	
生产	√	√	●	○	○		√	○	○					
设备更新			√	√				○	●					
…														

注：●表示该项功能是对应组织的主要功能（支持工作的单位）；○表示该单位是协调该项功能的单位（协助单位）；√表示该单位是参加该项功能的相关单位。

3. 业务流程分析

管理业务流程调查的内容包括各环节的处理业务、信息来源、处理方法、计算方法、信息流经去向、提供信息的时间和形态（报告、单据、屏幕显示等），是掌握现行系统状况、确立系统逻辑模型不可缺少的环节。调查时应顺着原系统信息流动的过程逐步进行。用以描述管理业务流程的工具有管理业务流程图、表格分配图等。

（1）业务流程图。业务流程图（Transaction Flow Diagram，TFD）是用一些规定的符号及连线来表示某个具体业务处理中各单位、人员之间业务关系、作业顺序和管理信息流动的图形工具。利用它可以帮助分析人员找出业务流程中不合理的流向。如图 4-6 所示，为某企业物资管理的业务流程图。

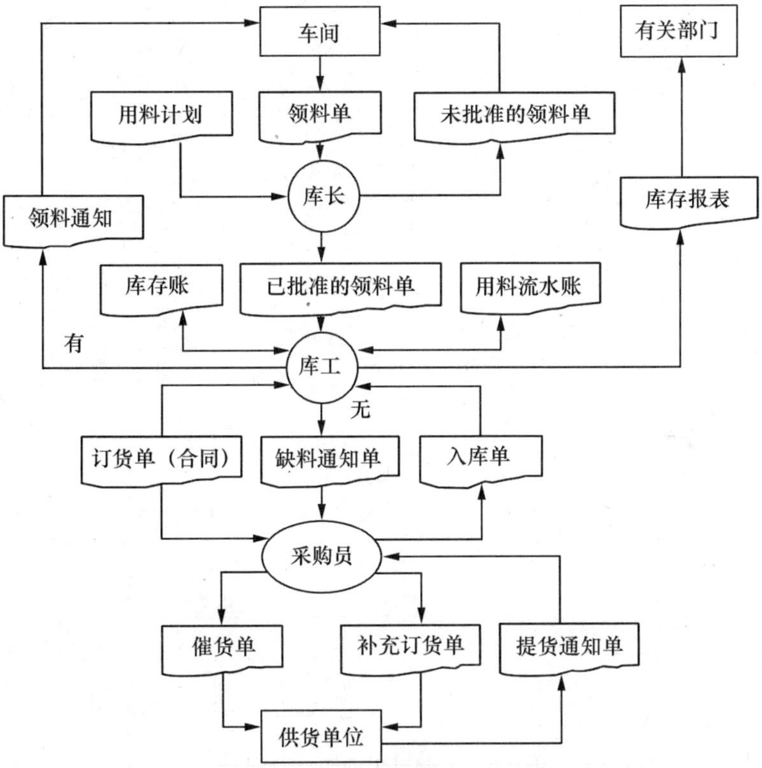

图 4-6　某企业物资管理业务流程图

业务流程图的常用符号举例如图 4-7 所示。目前，TFD 中常用符号和画法尚未统一，但同一系统要统一，并且符号必须准确和易于阅读。

TFD 采用的是自顶向下的方法，即首先画出高层管理的业务流程图，然后再对每一个功能描述部分进行分解，画出详细的业务流程图。TFD 描述的是概要的流程，关于流程中每一个业务处理，还需要具体进行细化描述和分析，如数据字典、描述处理逻辑的工具等。

（2）表格分配图。为反映表格、单据、报表等资料在各个不同部门之间的传递和存档，在业务流程图之外还可以绘制表格分配图。表格分配图可帮助分析员表示出系统中各种单据和报告都与哪些部门发生业务关系。如图 4-8 所示，是一张能反映采购过程的

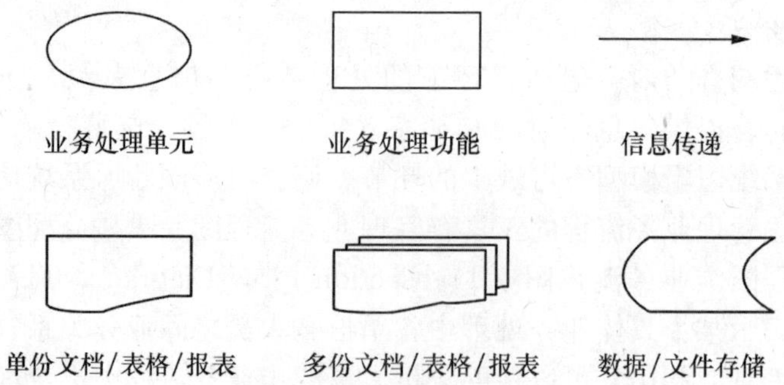

图 4-7 TFD 符号示例

表格分配图。其中，每一列表示一个部门，箭头表示复制单据的流向，每张复制单据上都标有号码，以示区别。采购单一式四份，由采购部门填写后分别交给不同部门；到货时，收货单也是一式四份，由收货部门按待收货清单核对货物是否齐全后填写并分别交不同部门。

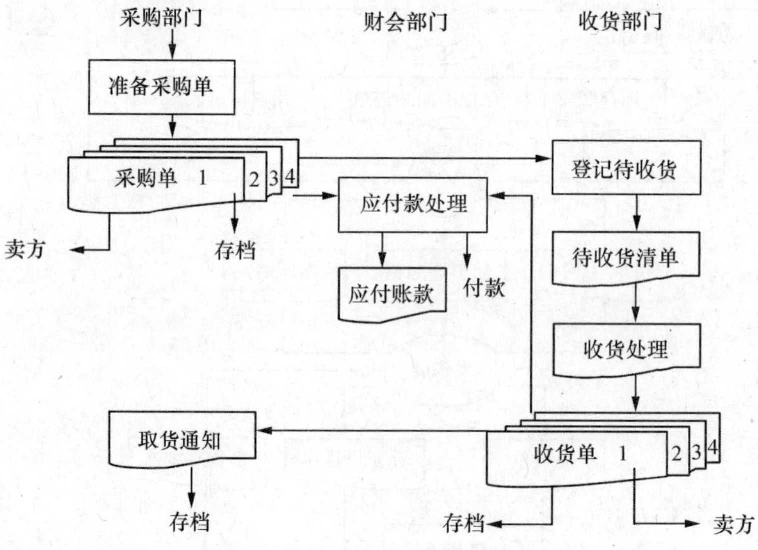

图 4-8 采购过程的表格分配图

4. 数据流程分析

虽然 TFD 和表格分配图能够形象地表达管理中信息的流动和存储过程，但仍没有完全脱离一些物质要素，如货物、产品等。为了使用计算机进行信息管理，还必须进一步舍去物质要素，收集有关资料，绘制出原系统的数据流程图。

（1）数据流程图。数据流程图（Data Flow Diagram，DFD）是一种能全面描述信息系统逻辑模型的主要工具，它可以用少数几种符号综合反映出信息在系统中的流动、处理和存储情况。DFD 具有抽象性和概括性。抽象性表现在它完全舍去了具体的物质，只剩下数据的流动、加工处理和存储；概括性表现在它可以把信息中的各种不同业务处理过程联系起来，形成一个整体。无论是手工操作部分还是计算机处理部分，都可以用它表达出来。DFD 由图 4-9 所示的四种符号表示。

其中，外部实体指本系统之外的人或单位，它们和本系统有信息传递关系，如顾客、批发商等，是数据的提供者和使用者；处理表示对数据进行处理或变换，如入库、审核、汇总等，其名称一般反映处理的主要功能；数据流是一项或一组数据，描述数据处理过程中数据的流动和传递，箭头表示流向，名称代表数据，如订货单、销售数据等；数据存储指通过数据文件、文件夹或账本等存储数据，是逻辑意义上的数据文件，不考虑存储介质和技术手段。

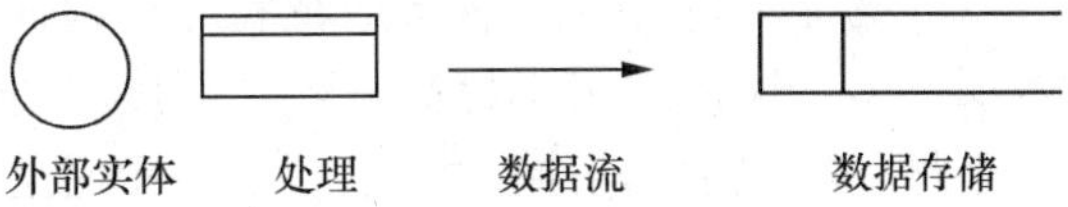

图 4-9　DFD 的符号示例

数据流程图是分层次的，绘制时采取自顶向下逐层分解的办法。首先画出顶层（第一层）数据流程图，顶层数据流程图只有一张，它说明了系统总的处理功能、输入和输出。如图 4-10 所示，为某厂销售子系统的顶层数据处理流程图。销售科根据用户送来的订货单进行销售处理后，向用户发货。图 4-10 中仅有发货单而没有货物，说明物质要素（货物）已经舍去，有关货物的信息已反映在发货单中。

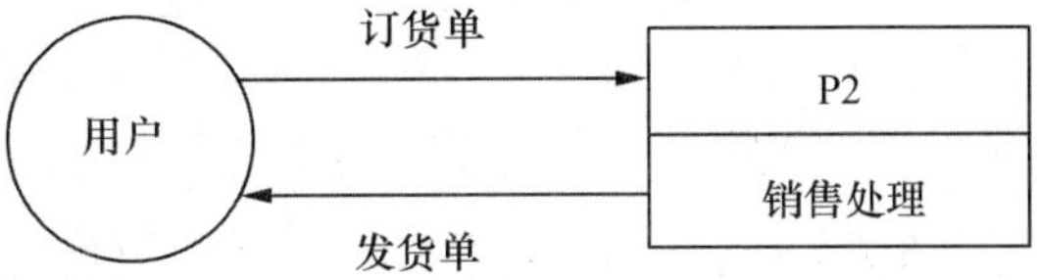

图 4-10　销售子系统的顶层数据流程图

接下来是对顶层数据流程图中的“处理”进行分解，形成第二层数据流程图，依此类推。销售处理的第二层数据流程图，如图 4-11 所示，它将“销售处理”分解为更多的“处理”，分别为判定订货处理方式、开发货票、开付款通知单等。

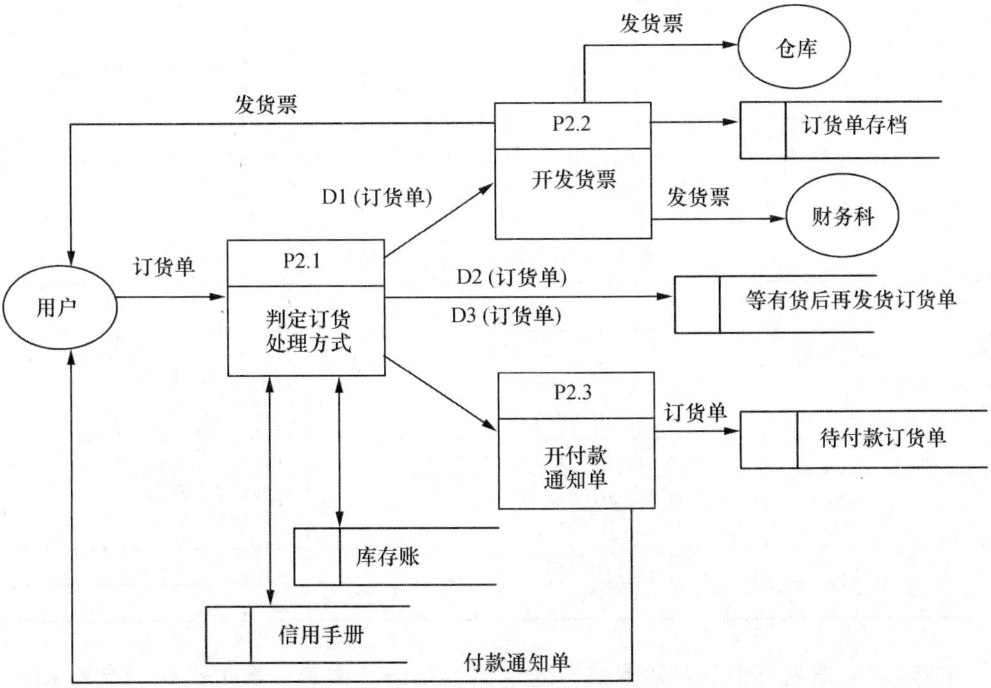

图 4-11　销售处理的第二层数据流程图

数据流程图分为多少层应视实际情况而定。对于一个复杂的大系统，有时可分至七八层之多。因此，为了提高规范化程度，可对图中各元素加以编号。通常在编号之前冠以字母，用以表示不同的元素，如用 P 表示处理，D 表示数据流，F 表示数据存储，S 表示外部实体等。

（2）数据字典。DFD 反映的是数据的流程、处理和存储，是现有系统向新的管理信息系统的映射，是新系统逻辑模型的概要反映，也是下一步系统模块化设计的基础。因此，为了对 DFD 中的各个元素作出详细说明，有必要建立数据字典，以向数据库设计过渡。

数据字典的内容主要是对 DFD 中的数据项、数据结构、数据流、处理逻辑、数据存储和外部实体等六个方面进行具体的定义。DFD 配以数据字典，就可以从图形和文字两个方面对系统的逻辑模型进行完整的描述。

数据项又称数据元素，是数据的最小单位。分析数据特性应从静态和动态两个方面去进行。在数据字典中，仅对数据的静态特性做了定义，具体包括：数据项的名称、编号、别名和简述；数据项的长度；数据项的取值范围。

【例】数据项的定义
数据项编号：I02-01
数据项名称：材料编号
别名：材料编码
简述：某种材料的代码
类型及宽度：字符型，4 位
取值范围："0001"～"9999"

数据结构描述了某些数据项之间的关系。一个数据结构可以由若干个数据项组成，也可以由若干个数据结构组成，还可以由若干个数据项和数据结构组成。例如，表 4-4 所示的订货单就是由三个数据结构组成的数据结构，表中用 DS 表示数据结构，用 I 表示数据项。

表 4-4　用户订货单的数据结构

DS03-01：用户订货单		
DS03-02：订货单标志	DS03-03：用户情况	DS03-04：配件情况
I1：订货单编号	I3：用户代码	I10：配件代码
I2：日期	I4：用户名称	I11：配件名称
	I5：用户地址	I12：配件规格
	I6：用户姓名	I13：订货数量
	I7：电话	
	I8：开户银行	
	I9：账号	

一般地，数据字典中，对数据结构的定义包括以下内容：数据结构的名称和编号；简述；数据结构的组成。如果是一个简单的数据结构，只需要列出它所包含的数据项；如果是一个嵌套的数据结构，则需列出它所包含的数据结构的名称，因为这些被包含的

数据结构在数据字典的其他部分已有定义。

【例】数据结构的定义
数据结构编号：DS03-01
数据结构名称：用户订货单
简述：用户所填用户情况及订货要求等信息
数据结构组成：DS03-02＋DS03-03＋DS03-04

数据流由一个或一组固定的数据项或数据结构组成。定义数据流时，不仅要说明数据流的名称、组成等，还应指明它的来源、去向和数据流量等。

【例】数据流的定义
数据流编号：D03-08
数据流名称：领料单
简述：车间开出的领料单
数据流来源：车间
数据流去向：发料处模块
数据流组成：材料编号＋材料名称＋领用数量＋日期＋领用单位
数据流量：10 份/小时
高峰流量：20 份/小时（上午 9：00～11：00）

处理逻辑的定义仅对数据流程图中最底层的处理逻辑加以说明。

【例】处理逻辑的定义
处理逻辑编号：P02-03
处理逻辑名称：计算电费
简述：计算应缴纳的电费
输入的数据流：数据流电费价格，来源于数据存储文件价格表；数据流用电量、用户名和用户类别，来源于处理逻辑“读电表数字处理”和数据存储“用户文件”。
处理：根据数据流“用电量”和“用户信息”，检索用户文件，确定该用户类别；再根据已确定的该用户类别，检索数据存储价格表文件，以确定该用户的收费标准，得到单价；用单价和用电量相乘得到该用户应该缴纳的电费。
输出的数据流：数据流“电费”一是去外部项用户，二是写入数据存储用户电费账目文件。
处理频率：对每个用户每月处理一次。

数据存储是数据结构保存的场所。它在数据字典中只描述数据的逻辑存储结构，而不涉及它的物理组织。

【例】数据存储的定义
数据存储编号：F03-08
数据存储名称：库存账
简述：存放配件的库存量和单价
数据存储组成：配件编号＋配件名称＋单价＋库存量＋备注
关键字：配件编号块
相关联的处理：P02，P03

外部实体的定义包括：外部实体编号、名称、简述及有关数据流的输入和输出。

【例】外部实体的定义
外部实体编号：S03-01
外部实体名称：用户
简述：购置本单位配件的用户
输入的数据流：D03-06，D03-08
输出的数据流：D03-01

编写数据字典是系统开发的一项重要的基础工作。一旦建立，并按编号排序之后，就是一本可供查阅的关于数据的字典，从系统分析一直到系统设计和实施都要使用它。在数据字典的建立、修正和补充过程中，始终要注意保证数据的一致性和完整性。数据字典可以用人工建立卡片的办法来管理，也可存储在计算机中，用一个数据字典软件来管理。

（3）描述处理逻辑的工具。DFD中比较简单的计算性的处理逻辑可以在数据字典中作出定义，但还有不少逻辑上比较复杂的加工处理，可用一些描述处理逻辑的工具来表达，如决策树（判断树）、决策表（判断表）、结构化语言等，以向程序设计过渡。

图4-12是一张根据用户欠款时间长短和现有库存量情况制订用户订货方案的决策树。决策树比较直观，容易理解，但当条件多时，不容易清楚地表达出整个判别过程。

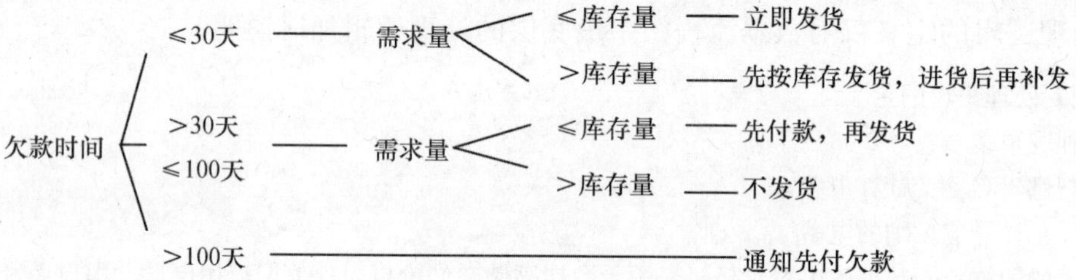

图4-12 决策树

决策表是采用表格方式来描述处理逻辑的一种工具。仍以处理用户订货为例，用文字表达这种多元的逻辑关系不仅十分烦琐，而且难以看清。而如表4-5所示，采用了决策表可以清晰地表达条件、决策规则和应采用的行动之间的关系，容易为管理人员和系统分析人员所理解。

表4-5 处理订货单的决策表

	决策规则号	1	2	3	4	5
条件	欠款时间≤30天	Y	Y	N	N	N
	欠款时间>100天	N	N	Y	N	N
	需求量≤库存量	Y	N		Y	N
应采取的行动	立即发货	×				
	先按库存量发货，进货后再补发		×			
	先付款，再发货				×	
	不发货					×
	要求先付欠款				×	

结构化语言则是一种模仿计算机语言的处理逻辑描述方法。它使用了由“IF”“THEN”“ELSE”等词组成的规范化语言。以下是处理订货单逻辑过程的结构化语言表示法。

```
IF 欠款时间≤30 天
   IF 需求量≤库存量
       THEN 立即发货
   ELSE 先按库存量发货，进货后再补发
ELSE
IF 欠款时间≤100 天
       IF 需求量≤库存量
          THEN 先付款，再发货
       ELSE 不发货
   ELSE 要求先付欠款
```

5. *建立新系统的逻辑模型*

经过上述调查与分析，可通过系统化分析和优化、研究和确定管理模型，进而提出新系统的逻辑模型。

（1）系统化分析。在对原系统进行详细调查的基础上进行系统化分析是提出新系统逻辑模型的重要步骤。这一步骤通过对原有系统的调查和分析，找出原系统业务流程和数据流程的不足，提出优化和改进的方法，给出新系统所要采用的信息处理方案。

在该阶段，系统分析员首先要根据详细调查情况对系统的可行性进行重新分析，确认系统建设目标是否适应管理需求和战略目标；分析和优化业务流程（TFD 和表格分配图）；分析和优化数据流程（DFD、数据字典、描述处理逻辑的工具）；进行功能分析和子系统划分（U/C 矩阵）；数据存储分析（E-R 图）；将用户需要查询的问题列出清单或绘出查询方式示意图；分析数据输入的目的和适应范围、数据量的大小以及存在的问题，对输出报表的目的、使用范围进行分析；确定新系统的数据处理方式。

（2）研究和确定管理模型。管理模型是系统在每个具体管理环节上所采用的管理方法。在手工系统中，由于受信息获取、传递和处理手段的限制，只能采用一些简单的管理模型，而在计算机技术支持下，许多复杂的计算在瞬间即可完成，因此应用管理模型就有了可能。

随着管理科学的发展，在管理活动的各个层次、各个环节都形成了较为成熟的管理方法和定量化的管理模型，为管理信息系统的应用创造了条件。需要注意的是，每种管理模型的选取一定要与系统目标一致。比如，综合计划是企业生产、经营活动的总规划，因此常用综合发展模型、资源限制模型等；生产计划大纲主要安排与综合生产计划有关的生产指标，常用模型有数学规划模型、物料需求计划模型等；生产作业计划具体安排生产产品数量、加工路线、加工进度、材料供应、能力平衡等，因此常用模型有网络计划、关键路径模型、排序模型、甘特图、滚动作业计划等；常用的程序化库存管理模型有库存物资分类法、最佳经济批量模型等。

（3）新系统的逻辑方案。逻辑方案是新系统开发中要采用的管理模型和信息处理方法，是系统分析阶段的最终成果，也是今后进行系统设计和实施的依据。

逻辑方案主要包括以下内容：新系统的业务流程，这是业务流程分析和优化重组后的结果；新系统的数据流程，这是数据流程分析的结果；新系统的逻辑结构，这主要是指新系统中的子系统的划分；新系统中数据资源的分布，这是指确定数据资源如何分布在服务器或主机中；新系统中的管理模型，是指确定在某一具体管理业务中采用的管理模型和处理方法。

系统分析结束时，应提出系统分析报告。分析报告作为领导层决策的重要依据和下一步的工作蓝本，只提出新系统要“做什么”，而暂不考虑“怎样做”。

【延伸阅读】

系统分析报告示例

1. 引言部分

名称，开发目标，开发背景等。

2. 现行系统概况

(1) 现行系统现状详细调查说明：包括组织机构图，系统目标、功能一览表，业务流程图，业务流量以及存在的薄弱环节，数据，主要算法等。

(2) 现行系统分析：用户需求及主要存在的问题等。

3. 新系统逻辑方案

(1) 新系统目标（具体）；

(2) 新系统逻辑模型（数据流程图、数据字典、E-R图）；

(3) 新系统功能分析（改进，补充，优越之处）；

(4) 新系统在各个处理环节上采用的管理方法、模型；

(5) 与新系统相配套的管理制度和运行体制的建立。

4. 下阶段工程进度计划

第三节 管理信息系统的系统设计

如果说系统分析描述了一个系统应该“做什么”来满足用户的需求，那么系统设计（System Design）所表达的就是“怎样做”来实现这个目标。系统设计阶段的任务是根据新系统的逻辑模型，综合考虑各种约束，利用一切可用的技术手段，进行各种具体设计，提出一个能在计算机上实现的新系统的实施方案。

信息系统的设计是一个信息系统全面的设计或模型，和一个建筑物的设计蓝图是一样的，它要给出该系统的形式和结构说明。系统设计阶段的主要活动有总体设计、详细设计和编写系统设计说明书。

一、总体设计

总体设计又称逻辑设计（Logical Design），展示将要出现在用户面前的系统构成部分和它们之间的相互关系。它描述了输入和输出、将执行的处理功能、业务程序、数据模型和控制等。简单地说，总体设计要确定系统由哪些模块（子系统）组成，以及模块之间的层次及调用关系，模块（子系统）本身的处理功能，模块之间的数据传递。

二、详细设计

详细设计又称物理设计（Physical Design），是把抽象的逻辑模型转换成为新系统的具体的技术设计。物理设计的目的是实现逻辑模型，并尽可能提高系统的可靠性、灵活性、工作质量和效率，其主要工作包括代码设计和设计规范的制订、系统物理配置方案设计、数据存储设计、计算机处理过程设计等内容。

1. 代码设计和设计规范的制订

代码指的是代表事物名称、属性、状态等的符号和记号，一般用数字、字母或它们的组合来表示。代码设计是科学管理的体现，它在系统分析阶段开始，在系统设计阶段结束时得以确定。

合理的编码结构是信息处理系统是否具有生命力的一个重要因素。代码设计时，应注意以下一些问题：代码设计在逻辑上能满足用户的需要，在结构上与处理方法一致；代码设计要系统化，一个代码应能唯一标识它所代表的事物或属性；代码设计时要预留足够的位置，以适应不断变化的需要；不要使用易于混淆的字符；尽量采用不易出错的编码结构，等等。

设计规范是整个系统的“公用标准”，它具体规定了文件名和程序名的统一格式、编码结构、代码结构、统一的度量名等。

【延伸阅读】

代码的种类

代码的种类有顺序码、区间码、助忆码等。顺序码亦称系列码，是一种用连续数字代表编码对象的码，例如，1 代表厂长，2 代表科长，3 代表科员，4 代表生产工人等。其优点是短而简单、易于管理，缺点是代码没有逻辑基础，并且新加代码只能列在最后，删除则会造成空码。通常，顺序码只作为其他代码分类中细分类的一种补充手段。区间码把数据项分成若干组，每一区间代表一个组，码中数字的值和位置都代表一定意义，例如身份证号码、手机号码、邮政编码等。其优点是易于进行排序、分类、检索等处理操作，缺点是可能太长或有多余的数，并且维护比较困难。助忆码用文字、数字来描述，也可用文字与数字的结合来描述。其特点是可以通过联想帮助记忆。它适用于数据项数目较少的情况（一般少于 50 个），否则可能引起联想出错。

2. 系统物理配置方案设计

系统物理配置方案的设计包括系统运行所需硬件平台、网络平台和软件平台等选型设计。

因系统的吞吐量、响应时间、可靠性等要求，需要进行计算机的硬件选型。吞吐量是指系统每秒钟执行的作业数；响应时间是指用户向系统发出请求到系统向用户输出处理结果的时间；系统的可靠性可用“连续工作时间”表示，比如银行数据库管理系统、航天飞机自动控制系统等，需要系统 24 小时不间断工作，此时可采用双机双工结构。因此，硬件设备选配包括计算机主机、外围设备、联网设备等。

如果系统的处理方式是集中式的，则管理信息系统既可以是主机系统，亦可以是网络系统；如果系统的处理方式是分布式的，则采用微机网络将更能发挥系统性能。对于分布式系统，根据系统覆盖范围决定采用广域网或局域网。另外，还要选择网络的拓扑结构、网络的逻辑设计、网络操作系统等。

软件平台的选型设计主要包括操作系统、应用软件和数据库系统。应根据数据管理方式进行数据库管理系统的选择。比如，Oracle 在商务领域应用较广，可应用于各种规模的系统中，目前占数据库市场的最大份额，价格最高；DB2 适用于需要海量数据处理的高端用户；Sybase 运用和管理简洁，价格便宜，在工程和无线应用领域的大中型系统中应用较多；SQL Server 只能应用于 Windows 平台，适于性能要求不高的中小型企业；MySQL 适合预算不足但有较强技术力量的中小型企业。

3. 数据存储设计

数据存储设计分为三步，一是文件系统设计，二是数据模型设计，三是数据库设计。

(1) 文件系统设计。文件是按一定组织方式存放在存储媒介上的同类记录的集合体。文件设计就是根据文件的使用要求、处理方式、存储的数据量、数据的活动性和可用的设备条件等情况，合理确定文件的类别、选择文件介质、决定文件的组织方式和存取方法，设计文件的记录格式，并估计文件容量。文件设计对系统的经济性、功能和效率有很大影响，所以开发人员设计时应认真考虑文件的功能、可靠性、安全性、经济性和操作使用的方便性。

(2) 数据模型设计。在数据库系统中，对现实世界中数据的抽象、描述以及处理等是通过数据模型来实现的。数据模型是数据库系统设计中用于提供信息表示和操作手段的形式构架，是数据库系统实现的基础。根据模型应用的不同目的，可以将模型分为两个层次：第一层是概念模型，亦称信息模型；第二层是数据模型，如网状、层次及关系模型。

概念模型是按用户的要求对数据和信息建模。人们常常首先将现实世界的客观对象抽象为某一种不依赖于计算机系统和某一个数据库管理系统的信息结构即概念模型，然后再把概念模型转换为计算机上某一数据库管理系统支持的数据模型。

概念模型最常用的表示方法是实体—联系方法（Entity-Relation Approach，简称 E-R 方法）。E-R 方法是由 P. P. S. Chen 于 1976 年提出的，其方法是用 E-R 图来描述某一组织的信息模型。如表 4-6 所示，我们先来了解 E-R 方法涉及的实体、属性、联系等概念。

表 4-6　E-R 方法的有关概念

序号	概念	定义	E-R 图素
1	实体（Entity）	现实世界中被描述的客观事物或事物之间的联系	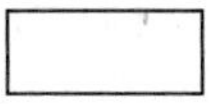
2	属性（Property）	实体具有的某种特征。实体分为个体和总体，总体是个体组成的集合	
3	联系（Relation）	实体之间或实体内部属性之间的关系 A. 一对一，用 1∶1 表示 B. 一对多，用 1∶n 表示 C. 多对多，用 m∶n 表示	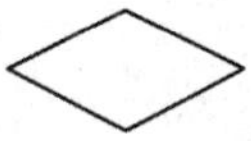

如表 4-6 所示，实体（Entity）即现实世界中存在的对象或事物。实体可以是人，也可以是物或抽象的概念；可以指事物本身，也可以指事物之间的联系，如一个人、一件物品、一个部门等都可以是实体。实体有个体和总体之分。个体如张三、李四等，总体泛指个体组成的集合。总体又有同质总体（如全体职工）和异质总体之分。异质总体是由不同性质的个体组成的集合，如一个企业的所有事物的集合。一个异质总体可以分解出多个同质总体。数据文件描述的是同质总体，而数据库描述的是异质总体。

属性是指实体具有的某种特性。属性用来描述一个实体。如学生实体可由学号、姓名、年龄、性别、系、年级等属性来刻画。

现实世界的事物总是存在这样或那样的联系。这种联系必然要在信息世界中得到反映。在信息世界中，事物之间的联系可分为两类：一是实体内部的联系，如组成实体的各属性之间的关系；二是实体之间的联系，有一对一联系（1∶1）、一对多联系（1∶n）和多对多联系（m∶n）等。

在模型设计中，首先根据系统分析阶段收集到的材料，利用分类、聚集、概括等方法抽象出实体，并一一命名，再根据实体的属性描述其间的各种联系。

可见，E-R 模型是对现实世界的一种抽象，它抽取了客观事物中人们所关心的信息，忽略了非本质的细节，并对这些信息进行了精确的描述。E-R 图所表示的概念模型是各种数据模型的共同基础，因而是抽象和描述现实世界的有力工具。

（3）数据库设计。数据库设计是在选定的数据库管理系统基础上建立数据库的过程。数据库设计除用户需求分析外，还包括概念结构设计、逻辑结构设计和物理结构设计等三个阶段。如图 4-13 所示，为数据库设计的步骤与系统开发的各个阶段的对应关系。

4. 计算机处理过程设计

作为一个独立部分，各个处理功能有各自的输入和输出资料，每个处理功能的运作

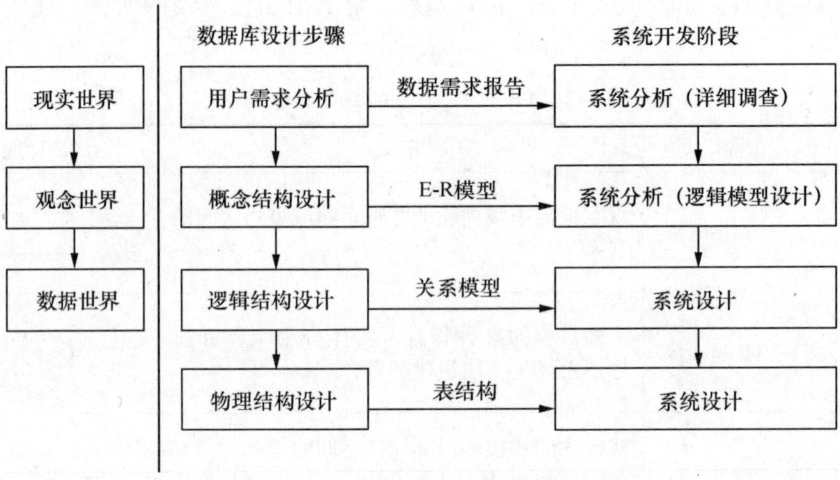

图 4-13 数据库设计与系统开发阶段对照

过程的设计也必须从输出格式设计开始，进而是输入格式设计，并画出较为详细的处理流程图。

输出是系统产生的结果或提供的信息。因为使用者直接接收管理信息系统输出的资料，设计的出发点应当是保证输出的资料格式使用方便，能正确及时地向生产或服务部门提供有用的信息。因此，对于大多数用户来说，输出是系统开发的目的和评价系统开发成功与否的标准。

输出设计的内容包括：有关输出信息使用方面的内容，包括信息的使用者、使用目的、报告量、使用周期、有效期、保管方法和复写份数等；输出信息的内容，包括输出项目、位数、数据形式（文字、数字）；输出格式，如表格、图形、图标等；输出设备，如打印机、显示器、磁带、光盘等；输出介质，如输出到磁盘还是磁带上，输出用纸是专用纸还是普通白纸等。

输入设计对系统的质量有着决定性的重要影响。因为“输入是垃圾，输出的也是垃圾”。同时，输入过程是信息系统与用户之间交互的纽带，输入设计决定人机交互的效率。

输入设计包括数据规范和数据准备的过程。在输入设计中，提高效率和减少错误是两个根本的原则。目前，从屏幕上通过人机对话输入是广泛使用的输入方式。因为是人机对话，既有用户输入，又有计算机的输出。通常，人机对话采用菜单式、填表式、应答式等。

处理流程图的设计是管理信息系统流程图的展开和具体化。在系统流程图中，我们只是给出了每一处理功能的名称，而在处理流程图中，则需要使用各种符号具体地规定处理过程的每一步骤。如前所述，对于系统中每一个功能都可以作为一个独立子系统分别进行设计。由于每个处理功能都有自己的输入和输出，对处理功能的设计过程也应从输出开始，进而进行输入、数据文件的设计，并画出较详细的处理流程图。如今，随着计算机系统软件功能的增强，有许多处理不必专门编写程序。

三、编写系统设计说明书和系统设计报告

系统设计说明书是用来给处理过程下定义的书面文件。它以每个处理过程为单位，由系统设计员编写，交给程序员使用。程序员根据说明书指示内容进行程序设计。

系统设计说明书应包括以下内容：程序名、所属系统及子系统名、程序的功能、程序的输入输出数据关系图、输入文件和输出文件的格式、程序处理说明（包括计算公式、决策表以及控制方法等），如图 4-14 所示，为工资系统的程序设计说明书。

程序设计说明书

系统名：财务系统　　子系统名：工资子系统

程序名：更新工资主文件　　程序标识符：GXCL. PRG

语言：FOXBASE　　日期：2016. 8. 6

一、输入

文件名	文件标识	设备	备注
上月主文件	GZL. DBF	D1	
主处理文件	GZCL. DBF	D2	

二、输出

文件名	文件标识	设备	备注
本月主文件	GZ2. DBF	D1	

三、程序功能：更新主文件

四、程序处理过程说明

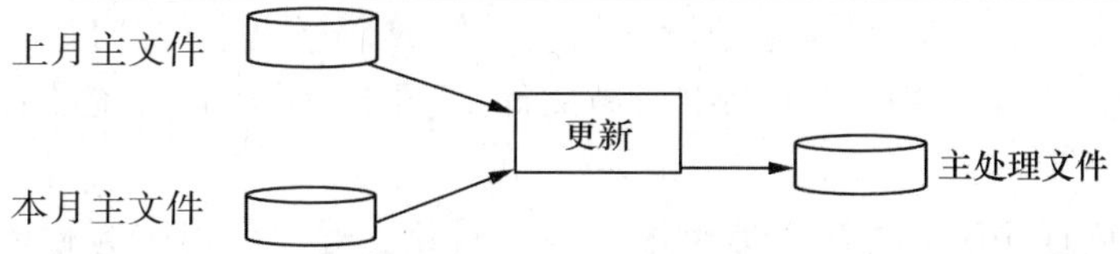

图 4-14　程序设计说明书示例

系统设计工作结束后，要提交系统的设计报告。其内容包括：系统总体设计方案，代码设计方案，输入和输出设计方案，文件设计方案，程序模块说明书等。

开发人员可提出多个（一般为 2～3 个）实施方案，由用户、领导层和有关专家参加讨论，经比较、选择、修改、审核，形成系统的实施方案。

第四节　管理信息系统的实施与运行维护

在系统分析、系统设计阶段，已经解决了新系统“应该做什么”和“应该怎么做”，下一步就是落实执行，即进入系统实施阶段。该阶段的工作主要是物理系统的实施、程序设计与测试、人员培训、数据准备与录入、系统转换与试运行。系统转换成功，意味着整个开发过程的结束。接下来的任务是新系统的正常使用和维护，并在适当的时候对系统进行评估。

一、系统实施

系统实施是整个开发过程中时间花费最多的一个阶段。它既是成功实现新系统的阶段，又是取得用户对系统信任的关键阶段。为此，在系统正式实施之前，要制订周密的计划，即确定出系统实施的方法、步骤、所需的时间和费用。

1. 物理平台的安装和调试

为保证程序设计和测试工作能顺利进行，应根据系统设计阶段对物理设备的选型设计，进行计算机硬件设备的采购、安装和调试，并安装和调试网络环境、操作系统、数据库系统等。

计算机对周围环境相当敏感，对机房的温度、湿度等都有特殊的要求。用户应从不同厂家、不同型号的计算机产品中，选择最适合应用需要的品牌。主要选择标准有：计算机系统是否具有合理的性能价格比；系统是不是具有良好的可扩充性；能否得到来自供应商的售后服务和技术支持等。网络系统的实施主要包括通信设备的安装、电缆线的铺设及网络性能的调试等工作。

在这个阶段，还要根据计算机与网络环境，选择购买合适的操作系统和数据库管理系统，并建立数据库框架。

2. 程序设计与调试

系统程序设计（System Programming）就是把设计说明转换成计算机软件的过程。也就是说，按照系统设计阶段提供的系统设计说明书所载的详细要求，设计新系统的程序，为每个模块编写程序。

常用程序设计方法有结构化程序设计方法、原型法、面向对象法等。应根据编程语言的特点、系统运行的环境、管理信息系统的功能以及程序员的偏好或熟悉程度来选择开发工具。常用的开发工具有电子表格软件、数据库管理平台（如 ORACLE）、套装软件（如微软的 Office）、可视化编程工具（如 VB）、计算机辅助软件工程（CASE）等。

软件的测试过程是一个反复的过程。必须进行完全彻底的测试，才能确定该系统能否产生正确的结果。测试的花费占整个软件开发预算的 50%之多。在多种测试策略中，较适合信息系统的应是自下而上的渐增模式，大致分为模块测试、系统测试、系统总测试三个步骤。具体的测试方法有黑盒测试和白盒测试。黑盒测试是指把程序看作一个“黑匣子”，认为程序只要满足应用功能上的需求，就是可行的。而白盒测试则要测试程序内部的细节、结构和实现方式。

3. 整理基础数据，进行人员培训

为了新系统能正常运行，需要做好基础数据准备工作。在这个阶段，要求基础数据统计工作科学化；计量工具、计量方法、数据采集渠道和程序都固定下来，确保新系统运行有稳定可靠的数据来源；分类统计和数据采集报表标准化、规范化。

作为信息系统开发项目的一个重要环节，人员培训越来越受到重视。为企业培训管理信息系统的操作、维护及运行是信息系统实施计划的一部分。通过培训，用户才能更好地参与系统测试，分析人员还可以借此完善对用户需求的了解。为用户提供一套完整、高效、规范的培训方案，是用户尽快进入良好运行状态、使新系统能够正常运行并实现应有效益的关键环节。

一般培训包括如下内容：新系统整体结构和系统概貌；系统分析设计思想；计算机系统操作与使用；软件工具的使用；汉字输入方式、系统输入方式和操作方式培训；可能出现的故障以及故障的排除；文档资料的分类以及检索方式；数据收集、统计渠道、统计口径；其他注意事项等。

4. 系统转换

系统转换（System Conversion）是把一个旧系统改变成新系统的过程。有三种主要的转换策略供组织的管理者选择：并行转换策略、直接转换策略、阶段转换策略。

在并行转换策略（Parallel Strategy）中，旧系统和其潜在的替换系统一起运行一段时间，直到每一个操作者都确定新系统运行正确。这是最安全的转换方式，因为万一发生错误或者处理中断，旧系统仍然可以作为备份来使用。但是，这种方法费用高，也许需要额外的人员及其他资源来运行这个额外的系统。

直接转换（Direct Cutover）策略是在指定的某一天，用新系统全部替换旧系统。这个策略似乎比并行转换策略费用低，但是如果新系统被发现具有严重的问题，有可能因此而陷入混乱、中断。因此，这是一个非常冒险的方法，它的潜在花费可能要比并行转换高得多。

阶段转换（Phased Approach）策略分阶段按功能或者按组织单位引进新系统，让新系统分期、分段逐步代替旧系统。例如，如果系统是按功能引进的，一个新的工资系统也许从运行按周支付薪水的雇员系统开始，6 个月后再向该系统增加并启动按月支付薪水的雇员系统。如果该系统是按照组织单位引进的，那么可以在组织的总部先做第一次转换，4 个月后再来转换偏远的分支单位。

引导研究（Pilot Study）也是阶段转换中的一个策略，引导研究是指在组织中的有限范围内，诸如一个单独的部门或者操作单位引进新系统。当这个引导版本完成，并且证明工作通畅的时候，再在组织中剩下的范围同时或者分阶段地进行安装。

一个正式转换计划（Conversion Plan）提供了安装新系统所有活动的安排。最艰巨、最花费时间的活动往往是数据的转换。旧系统中的数据必须被传送到新系统中来，或者通过手工方式，或者通过专门的数据转换程序。例如，库存管理中的库存台账、人事管理中的职工档案等，它们的数据量和输入时的工作量都很大，在制订系统转换计划时应予充分考虑。对转换完成的数据的正确性和完整性，组织还必须花一些时间来进行仔细的核实与校对。

二、系统运行与维护

系统转换完成后，新系统即可投入正常运行。在这个阶段，该系统被用户和技术专家双方审查以判定它满足其最初设计目标的程度，裁决对系统程序的修正或修改是否适宜。由于信息系统是一个复杂的人机系统，在运行过程中，新系统偶尔出现个别错误也是在所难免的，这就需要进行修正。对一个运行中的信息系统的硬件、软件、文档或者过程进行改正错误、满足新的需求或者提高处理效率的改变叫做系统维护。因此，系统维护就是为了改正错误或满足新的需要而修改系统的活动。该项活动不仅工作量大，而且也很复杂。

系统运行与维护主要包括以下内容：程序的维护、数据的维护、代码的维护、设备的维护。

在维护上述各项时，系统人员必须修改相应的文档，保持其一致性。信息系统的运行质量很大程度上取决于维护工作的质量。因此，组织必须克服重开发、轻维护的思想，认真搞好系统的维护工作。一项关于信息系统维护的研究表明，大约有20%的工作量是用于调试或者改正紧急的程序问题；有20%的工作量则是关于数据、文件、报告、硬件或者系统软件的改变；有60%的工作量是提高用户使用能力、改善文档和为更高的处理效率而重新对系统部件编码等。最后这60%的工作量，可以通过比较好的系统分析和系统设计活动而大大减轻工作人员的负荷，这就是我们为什么强调系统分析与系统设计的重要性的原因。

【案例】

某信贷业务部的业务流程重组

某信贷业务需要经过接待部、客户信用部、交易条款部、估价部等许多部门。具体流程是，由接待部接受客户申请，由客户信用部审查申请人的信用数据，由交易条款部修改贷款条款，由估价部确定利率，最后才由业务主管生成报价信息，交由销售业务代表通知客户，如图4-15所示。

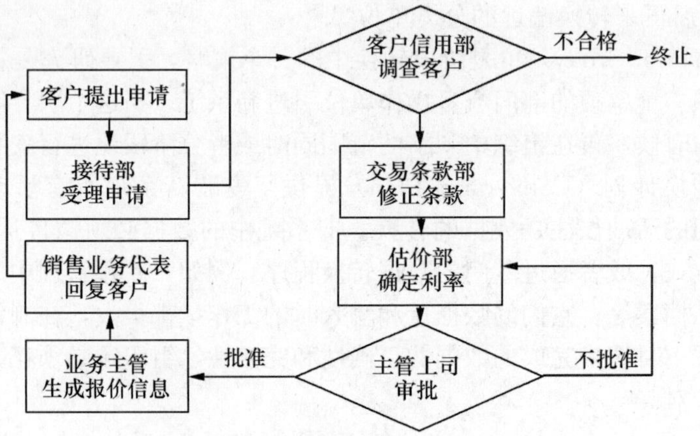

图 4-15 信贷部重组前的业务流程图

实施电子商务后，经过流程重组，其业务流程就大大简化了，如图4-16所示。当交易员接到客户的申请后，除特殊业务需经专家小组提出处理意见外，其他工作全部改由计算机系统进行处理。

讨论：

1. 从上述案例中可以看到，电子商务对企业业务流程重组的影响是什么？

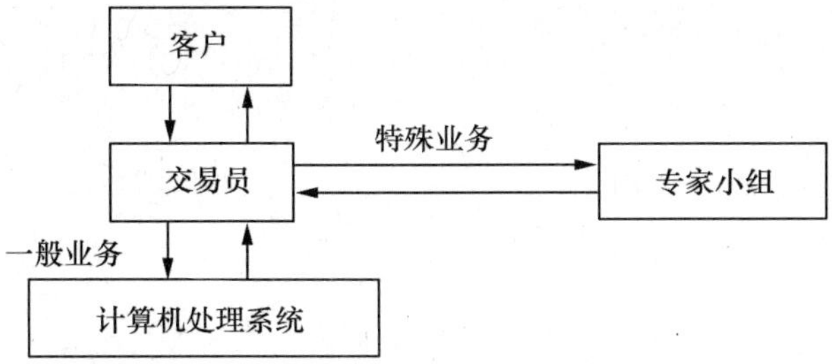

图 4-16　信贷部重组后的业务流程图

2. 你认为该公司对这项业务流程进行重组时，在信息系统方面应做哪些工作？

本章小结

信息系统是先进的科学技术与现代管理相结合的产物，是一个结构复杂、影响因素众多的系统，系统建设者必须深刻理解系统建设工作的复杂性。信息系统开发是在系统规划的指导下，分析、设计、实现一个管理信息系统的过程。这个过程包括四个阶段：系统可行性研究、系统分析、系统设计、系统实施与运维。其中，系统可行性研究确定新系统在技术上、经济上和操作上是否可行，系统分析阶段形成新系统的逻辑方案，系统设计阶段形成新系统的物理方案，系统实施阶段是整个系统开发过程中最复杂、耗费时间最长的阶段。

习　题

1. 信息系统的开发策略有哪几种？它们各自有什么特点？

2. 什么是原型化方法，它与传统的生命周期法相比有哪些优点？原型法自身的缺点是什么？

3. 信息系统开发过程中可能会遇到各种各样的困难，试联系实际分析这些困难产生的原因，讨论如何克服这些困难。

4. 为什么说信息系统开发是一个“问”与“答”的过程？为什么说设计单位与用户之间的沟通是信息系统开发成功与否的关键因素？

5. 在信息系统开发之前，组织应该做好哪些准备工作？

6. 信息系统的开发过程主要有哪些阶段？各个阶段的核心任务是什么？

7. 信息系统的可行性分析主要包括哪几个方面的内容？为什么说人的因素和社会因素是影响信息系统实现的重要因素？

8. 系统设计中，为什么要先作输出设计，后作输入设计？

9. 什么是系统转换？系统转换的主要策略有哪几种？它们各有哪些优缺点？

第5章

管理信息系统的管理

【案例导入】

丁渭修皇宫

宋真宗祥符年间，开封一场大火，北宋皇城毁于一旦。宋真宗任命大臣丁渭主持重建全部宫室殿宇。当时皇城都是砖木结构的，建筑材料必须通过汴水运进。因此就有三难：取土之难、运输之难、清场之难。丁渭深思熟虑，规划并实施了一个至今仍令人拍案叫绝的施工方案：将宫前大街开挖成河，取土烧砖；引汴水入宫，水运建材，解决了运输问题；皇宫修复后，沟渠撤水，把清墟的碎砖烂瓦和建筑垃圾就地回填，修复宫前大街。这样，挖河一举解决了取土之难、运输之难、清场之难，可谓一举三得，事半功倍。丁渭修复皇宫的案例反映了公元11世纪初中国管理思想的先进水平，更是系统化施工的经典案例。

管理信息系统是基于现代信息技术的管理方法和管理手段。事实证明，管理信息系统有优越的一面，也有脆弱的一面。为确保和提高管理信息系统的安全可靠性和有效性，有必要对其进行管理。管理信息系统的管理涵盖了系统的整个生命周期。在总体上，管理信息系统的生命周期可划分为开发建设和运行维护两个时期，相应地有管理信息系统开发期的项目管理、管理信息系统的运行维护和管理等两个方面。

第一节　信息系统开发项目管理

管理信息系统的开发技术与项目管理是信息系统建设成功的两个重要支柱。信息系统开发技术是考虑选用何种开发环境和工具、何种网络结构、何种开发方式等系统建设的技术问题，而信息系统项目管理则是考虑如何组织人力、如何安排进度、如何控制成本和质量、如何达到客户满意度等系统建设的管理问题。因此，为保证管理信息系统建设的成功，需要按工程项目建设方式进行管理。

一、信息系统项目管理概述

1. 项目与项目管理

通俗地讲，项目就是在一定资源约束下完成既定目标的一次性任务。这一定义包含三层意思：一定资源约束、一定目标、一次性任务。资源包括时间资源、经费资源、人力资源和物质资源。如果把时间从资源中单列出来，并称之为“进度”，而将其他资源都看作可以通过采购获得并表现为费用或成本，那么就可以如此定义项目：在一定的进度和成本约束下，为实现既定目标并达到一定质量所进行的一次性工作任务。项目满足如下四个特征：完成特定目标、具有开头和结尾、具有资金限额、消耗资源（如人力、财力、设备、物料等）。

而项目管理是指对项目的计划、指挥和对资源的控制（人、设备、资本、物料等），它的目的是在项目的技术、成本、时间和资源约束之内达到项目的目标。也就是说，是通过项目经理和项目组织机构，运用系统理论和方法，对项目及其资源进行计划、组织、协调、控制，旨在实现项目的特定目标的管理方法体系。根据美国项目管理协会（PMI）的定义，项目管理是指“在项目活动中运用专门的知识、技能、工具和方法，使项目能够实现或超过项目关系人的需要和欲望”。这一定义不仅强调使用专门的知识和技能，还强调项目管理中各参与人的重要性。

2. 信息系统项目与项目管理

信息系统建设作为一类项目，具有以下三个鲜明的特点：目标不精确、任务边界模糊，质量要求主要是由项目团队定义；用户需求随项目进展而变，导致项目进度、费用等不断变更；技术性很强，需要大量高强度的脑力劳动。因此，信息系统项目是智力密集、劳动密集型项目，受人力资源影响大，项目成员结构、责任心、能力和稳定性对信息系统项目的质量以及是否成功有决定性的影响。另外，信息系统项目不是交钥匙工程，其生命周期包括系统规划、系统分析、系统设计、系统实施、系统运行和维护等五个阶段，各阶段间的关系密切、相互制约，这要求项目成员密切配合，并通常要跟踪到系统的使用生命周期结束。因此，要求项目开发队伍在较长时间保持稳定。

信息系统项目，尤其是大型的信息系统项目，通常是一项涉及面广、投入资源多、技术难度大的系统工程，它的实施会对整个企业和组织产生巨大影响。因此，只有按照系统的观点，使用现代项目管理的科学理念和方法进行控制，才能以较小的代价，获得较大的收益。

信息系统项目管理的任务就是要确保信息系统项目符合预算、进度和质量的要求，并确保支付的软件能够达到预定目标。从软件工程的角度来看，信息系统项目管理的主要任务包括开发管理、测试管理、运行管理、项目后评价管理等。其中，开发管理包括制订文档、预计需要的资源、估算费用、安排工作任务和日程、定期做评审、进行质量保证管理、开发总结报告、处理意外情况等；测试管理包括制订测试计划、测试分析报告、编制用户手册；运行管理包括人员的组织管理、设备与资料管理、财政预算与支出管理、作业时间管理；项目后评价管理包括技术水平与先进性评价、经济与社会效益分析、系统的内在质量评价、系统的推广使用价值评价、系统的不足之处与改进意见等。

当下面的情况发生时，意味着信息系统项目面临失败：时间和成本超出计划；未能捕捉到本质的商业需求，致使信息系统规划总体目标未实现；未能以合适的方式提供所需数据，直接目的未达到；信息系统与企业的文化、组织、行为不兼容。

二、信息系统项目管理的基本内容

如上所述，信息系统项目管理涉及的内容是多方面的。从战术上看，项目管理主要关注项目范围、时间、成本、质量和风险等方面；从战略上看，有效的项目管理主要集中在对人员、问题和过程的管理上。

1. 信息系统项目范围管理

范围也称为工作范围，是指为了实现项目目标必须完成的所有工作。根据需求分析的结果可以通过定义交付和交付成果的标准来定义工作范围。工作范围根据项目目标分解得到，它指出了"完成哪些工作可以达到项目的目标"，或者说"完成哪些工作项目就可以结束项目"。如果没有工作范围的定义，项目有可能永远也完不成。要严格控制工作范围的变化，一旦失控就可能出现：一方面做了许多与实现目标无关的额外工作；另一方面却因额外工作影响了原定目标的实现，造成商业和声誉的双重损失。

（1）需求分析。"需求"也就是用户的需要，它包括用户要解决的问题、达到的目标及实现这些目标所需要的条件，它是一个程序或系统开发工作的说明，表现形式一般为文档。

在信息系统项目管理环境中，需求包括业务需求、用户需求、功能需求和非功能需求四个层次。业务需求反映了组织机构或客户对系统、产品高层次的目标要求。用户需求描述了用户产品必须完成的任务。功能需求定义了开发人员必须实现的软件功能，使得用户能完成他们的任务，从而满足了业务需求。非功能需求描述了系统展现给用户的行为和执行的操作，它包括产品必须遵从的标准、规范和约束及操作界面的具体细节和构造上的要求。

（2）项目目标。项目目标是实现项目计划过程的第一步。信息系统项目目标是指预期的结果或最终的软件产品。信息系统项目具有多目标的特性，其目标通常表示为层次结构。不同的层次，目标的重要性是不同的。最高层是总体目标，指明了项目要解决的问题及其预期结果；最下层是具体的目标及其细节，指明了解决问题的具体措施和步骤。上层目标一般可以是模糊的、不可控制的，而下层目标则必须是具体、明确、可度量的，因此层次越低，目标就越具体，也就越可控制。

项目目标的确有一个从一般到具体逐渐细化的过程。在确定和描述项目目标时，可以考虑遵循如下一些基本原则：量化原则，尽可能定量描述，使每个目标的范围、时间、成本、性能、责任等都是明确的、可以度量和监控的；个人化原则，每个目标具体应当落实到每个项目组的成员，使得每个成员都明确自己的工作和职责；简单化原则，目标的描述应当是简单而直接的，使得每个参与人员都能明确而无二义性；现实性原则，确定的每个目标都是可以实现的，而不是追求理想化的结果。

（3）项目范围管理。项目目标的范围管理就是在一个从立项到结束全过程中，对所涉及项目工作范围进行的管理和控制活动。项目范围包括完成该项目、实现项目目标、获得项目产出物所“必须”的全部工作。项目的工作范围既不应超出生成既定项目产出和实现既定项目目标的需要，也不能少于这种需要。

按照美国项目管理协会（PMI）的说法，项目管理的主要内容如下：项目启动工作，包括拟定项目说明书、分析决策项目是否开展、选派合格的项目经理等；界定项目范围，指根据项目产出物的要求与描述和项目的目标，全面界定一个项目的工作和任务的项目范围管理工作；确定项目范围，指由项目的业主/客户或其他项目决策者，确认并接受通过“项目范围界定”工作而给出的项目范围和任务，以及将这种对于项目范围的确认编制成正式文件的项目范围管理工作；编制项目范围计划，指由项目组织编写和制订一个书面项目范围描述文件的工作，它规定了项目的产品范围和工作范围，以及项目范围所规定任务的计划和安排，它是未来项目各阶段起始工作的决策基础和依据；项目范围变更控制，指对于那些由项目业主/客户、项目组织或团队等项目相关利益者提出的项目范围变更所进行的控制与管理工作，这是一项贯穿于整个项目实施过程中的项目范围管理活动。

项目范围管理对整个项目的管理是有决定作用的。一般情况下，在项目目的不同阶段都需要开展项目范围管理。

（4）项目范围定义。项目范围定义是以范围规划的成果为依据，把项目的主要可交付产品和信息系统项目划分为更小的、更容易管理的单元，即形成工作分解结构（Work Breakdown Structure，WBS）。WBS 是将项目逐层分解成一个个可执行的任务单元，这些任务单元既构成了整个项目的工作范围，又是进度计划、人员分配和成本计划的基础。

项目工作范围的结构分解，强调的是结构性和层次性，即按照相关性规则将一个项目分解开来，得到不同层次的项目单元，然后对项目单元再进一步分解，得到各个层次的活动单元，清晰地反映项目实施所涉及的具体工作内容，最终形成工作分解结构图，项目关系人通过它可以看到整个项目的工作结构。

常用的 WBS 的表示形式有两种：树形图和缩进图。树形图类似于组织结构图，缩进图类似于分级的图书目录，如表 5-1 所示为某信息系统集成项目的工作分解缩进图。

2. 信息系统项目进度管理

有了明确的项目目标、范围和项目的工作分解结构，接着就可以制订明确、可行的进度计划。如果在进行过程中不能按时实现里程碑性的目标，遇到变化后不能及时调整进度，就会造成项目半途而废或系统工期严重延误。

信息系统项目工作计划一般应分设两个层次。第一层按开发阶段安排，用作总体进度的控制，宜采用甘特图；第二层按各开发阶段或子项目的工作步骤安排，以便能在细节上配置人力，对项目进度进行控制，宜采用网络计划方法。具体地，信息系统的项目进度计划管理一般包含活动定义、活动排序、活动工期估计及进度计划的制订等环节，并通过网络图和甘特图表达出来。

表 5-1 某信息系统集成项目的工作分解结构表

某信息系统集成项目		
1.1 项目管理	1.3 系统设计与评价	1.5.1 网络集成
1.1.1 项目计划	1.3.1 网络系统设计	1.5.2 软件集成
1.1.2 文档管理	1.3.2 应用系统设计	1.5.3 培训
1.2 需求分析与确认	1.3.3 设计评价	1.6 测试与验收
1.2.1 需求分析	1.4 系统开发与采购	1.6.1 外部测试
1.2.2 可行性研究	1.4.1 软件开发	1.6.2 初步验收
1.2.3 立项审批	1.4.2 采购	1.6.3 试运行
1.2.4 初步方案设计	1.5 集成实施	1.6.4 最终验收

（1）活动定义。在项目实施中，要将所有活动列成一个明确的活动清单，并且让项目团队的每一个成员能够清楚有多少工作需要处理。如表 5-2 所示，为某信息系统集成项目活动表。

表 5-2 某信息系统集成项目活动表

序号	作业代号	活动内容	先行活动	天数
1	A	需求分析		6
2	B	可行性研究		3
3	C	立项审批	B	2
4	E	初步方案设计	A，C	2
5	F	网络与应用系统设计	C	1
6	G	系统评价	C	2
7	I	采购	E，F，G	3
8	J	集成实施	E，F	2
9	K	测试与验收	I，J	10

（2）活动排序。在项目描述、活动清单中，找出项目活动之间的依赖关系和特殊领域的依赖关系、工作顺序。进行项目活动关系的定义时，一般采用优先图示法、箭线图示法、条件图示法、网络模板四种方法，最终形成一套项目网络图。如图 5-1 所示，为某信息系统集成项目网络图。

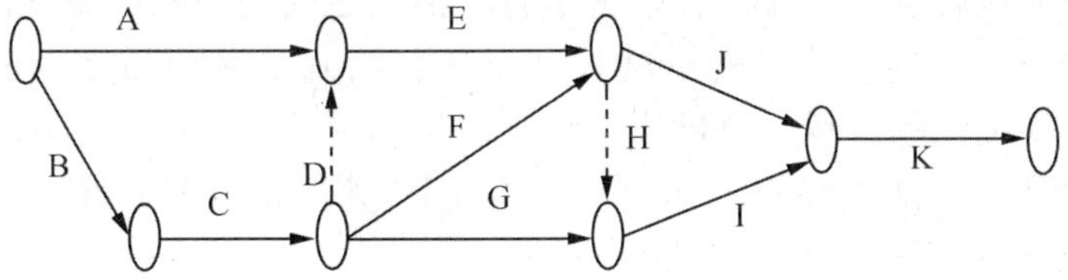

图 5-1　某信息系统集成项目网络图

设立项目里程碑是排序工作中很重要的一部分。里程碑是项目中关键的事件及关键的目标时间，是项目成功的重要因素。

(3) 活动工期估算与网络计划技术。活动工期估算是根据项目范围、资源状况计划列出项目活动所需要的工期。

估算的工期应该现实、有效并能保证质量。在估算工期时要充分考虑活动清单、合理的资源需求、人员的能力因素及环境因素对项目工期的影响。在对每项活动的工期估算中还应充分考虑风险因素对工期的影响。

一般来说，工期估算可以采取以下几种方式：专家评审形式，由有经验、有能力的人员进行分析和评估；类比估算，使用以前类似的活动作为未来活动工期的估算基础，计算评估工期；根据工作量估算，由工程或设计部门确定每项具体工作种类所需完成的数量（如程序代码等），乘以单位生产率（如每千行代码用多少小时等），就可用来估算活动所需时间。

工期估算中可预留一定比例作为冗余时间以应付项目风险。随着项目进展，冗余时间可以逐步减少。

项目进度计划和管理是一个复杂的工作，但是管理者可以利用一些直观的工具来辅助进行决策。网络计划技术包括关键路径法（CPM）和计划评审技术（PERT）。这两种计划方法是分别独立发展起来的，但其基本原理是一样的，即用网络图来表达各项目活动和它们之间的相互关系，并在此基础上进行网络分析，计算网络中各项时间参数，确定关键活动与关键路线，利用时差不断调整与优化网络，以求得最短项目工期。由于这种方法都是通过网络图和相应的计算来反映整个项目的全貌，所以称为网络计划技术。

PERT 是 20 世纪 50 年代末美国海军开发北极星潜艇系统时为协调 3 000 多个承包商和研究机构而开发的，其理论基础是假设项目持续时间和整个项目完成时间是随机的，且服从某种概率分布。PERT 可以估计整个项目在某个时间内完成的概率。PERT 方法在几乎所有的工业领域中都有应用，而且 PERT 方法成为后来许多方法的基础，如最低成本法和估算规划法、产品分析控制法、人员分配法、物资分配法等。

CPM 是时间管理中很实用的一种方法，其工作原理是：为每个最小任务单位计算工期，定义最早开始和结束日期、最迟开始和结束日期，按照活动的关系形成顺序的网络逻辑图，找出必需的最长的路径即为关键路径。时间压缩是指针对关键路径进行优化，结合成本因素、资源因素、工作时间因素、活动的可行进度因素对整个计划进行调整，直到关键路径所用的时间不能再压缩为止，得到最佳时间进度计划。

（4）甘特图与进度计划安排。在了解了各项活动之间的关系，得到网络图之后，就可以制订项目的进度计划。项目的进度计划意味着明确定义项目活动的开始和结束日期，这是一个反复确认的过程。进度表的确定应根据项目网络图、估算的活动工期、资源需求和共享情况、项目执行的工作日历、进度限制、最早和最晚时间、风险管理计划、活动特征等统一考虑。

在制订项目进度表时，先以数学分析的方法计算每个活动最早开始和结束时间与最迟开始和结束日期，得出时间进度网络图，再通过资源因素、活动时间和可冗余因素调整活动时间，最终形成最佳活动进度表。

甘特图是显示项目进度计划的常用工具。甘特图（Gantt Chart）也叫横道图或条形图，是在 20 世纪初由亨利·甘特发明的，是一种有效显示行动计划时间规划的方法，主要用于项目计划进度安排。如表 5-3 所示，为某信息系统项目建设进度的甘特图。

表 5-3　某信息系统项目建设进度甘特图

任务 / 天数	2	5	9	13	17	21
A 需求分析						
B 可行性研究						
C 立项审批						
E 初步方案						
F 网络与应用系统设计						
G 系统评价						
I 采购						
J 集成实施						
K 测试与验收						

（5）进度控制。进度控制主要是监督进度的执行状况，及时发现和纠正偏差、错误。在控制中要考虑影响项目进度变化的因素、项目进度变更对其他部分的影响因素、进度表变更时应采取的实际措施。

进度控制通过计划执行的监督和检查、计划延误的分析和解决等活动来实现。当计划发生延误时，要分析具体原因。一般来讲，开发进度的脱期，除与其他工程项目同样存在的环境变化、资金不到位、人员变动等原因外，还有一些特殊的原因，如需求变更、经验估计的工作量不准确等。这时，应找出原因，有针对性地采取措施。

针对不同的原因，可能采取的措施有：事先在计划中留有一定的宽裕度，例如工作步骤的工作量取上限，预设机动时间等；开发过程中经常性地与用户交换意见，随时掌握发展动向，及时发现问题，减少返工现象；当关键路线上的活动延误时，要调配现有开发人员，或增加开发人员或加班加点，集中人力予以重点解决；在上述措施难以有效解决延误问题时，可对原定计划做出调整，例如，调研子项目开发次序、工作步骤次序，必要时也可以删减个别子项目，或降低局部的指标要求等。

信息系统是一个复杂的人机系统，开发项目工作计划进度的控制难度很大。从根本上说，信息系统开发进度问题的解决还有赖于组织管理模式的规范化，系统开发的标准化。特别要指出的是，增加开发人员往往不一定能节省开发时间，因为增加人员可能产生更多的协调工作。

3. 信息系统项目成本管理

项目成本管理是指为保障项目实际发生的成本不超过项目预算，使项目在批准的预算内按时、按质、经济高效地完成既定目标而开展的成本管理活动。成本管理包括项目资源规划、项目成本估算、项目成本预算、项目成本控制等过程。

（1）信息系统项目成本构成。信息系统项目的成本是指信息系统建设阶段的成本，主要是指分析、设计和实施三阶段的成本，具体来讲包括软件的分析/设计费用（含系统调研、需求分析、系统分析、系统设计）、实施费用（含编程/测试、硬件购买与安装、系统软件购置、数据收集、人员培训）及系统切换等方面的费用。

从财务角度看，信息系统项目的成本包括人工费、培训费、软件购置费、硬件购置费、管理费等。此外，根据是否直接可见，可将成本分为有形成本和无形成本；根据与项目的关系，可将成本分为直接成本和间接成本；根据来源，可将成本分为设备成本、人力成本和管理成本等。

（2）信息系统项目成本估算。成本预算估计完成项目活动所需每种资源成本的近似值，误差幅度为30%。成本估算可以采用类似项目活动历时估算的方法，如专家估计法、类比法等。为了得到比较精确的成本估算，在进行成本估算时以工作分解结构为基础，将项目成本估算分配给单个工作项，然后逐层累计得到项目的总成本估算。

除此之外，还可以先计算出软件成本，再根据软件与硬件、网络等设备费用配比的经验比值测算得到信息系统项目的总成本。

（3）信息系统项目成本预算。项目成本预算的主要目标是制订一个成本基准计划，以衡量项目绩效，预期误差不要超过5%～8%。

项目成本预算的步骤如下：将项目的总预算成本分摊到各项活动；将活动总预算成本分摊到工作包；在整个项目的实施期间内，对每个工作包的预算进行分配，即确定各项成本预算支出的时间及每一个时间所发生的累计成本额，从而制订出项目成本预算计划。

（4）信息系统项目成本控制。项目成本控制就是在整个项目的实施过程中，定期收集项目的实际成本数据，与成本的计划值进行对比分析，并进行成本预测，发现并及时纠正偏差，以使项目的成本目标尽可能好地实现。项目成本管理的主要目的就是项目的成本控制，将项目的运作成本控制在预算的范围内或控制在可以接受的范围内，以便在项目失控之前就及时予以纠正。

成本控制实质上就是监控成本的正负偏差，分析偏差产生的原因，及时采取措施以确保项目朝着有利的方向发展。对于以项目为基本运作单位的公司或组织来说，成本控制能力直接关系公司的赢利水平，因此多数公司或组织将成本控制放在一个非常重要的地位。但是，在实际工作中，很多公司往往没有一套系统的管理方法来进行成本控制，而把更多的精力放在技术上。

实施成本控制的依据是费用基线、绩效报告、变更申请和成本管理计划。其中，绩效报告提供了费用执行方面的信息；变更申请可以是多种形式，直接的或间接的、外部的或内部的、口头的或书面的；成本管理计划描述了当费用发生偏差时如何处理。

进行成本控制时的结果是修订成本估算、变更成本预算、采取纠正措施、对项目完工重新进行估算等。

4. 信息系统项目质量管理

在许多信息系统的建设中，往往只强调系统必须完成的功能、应该遵循的进度计划及建设这个系统花费的成本，却很少注意在整个生命周期中信息系统应该具备的质量标准。这种做法的后果是系统的维护费用非常高，或是系统的可移植性和兼容性很差。根据一些软件公司的统计资料，项目在后期引入一个变动，比在早期引入相同的变动所需付出的代价高 2～3 个数量级。因此，信息系统项目的质量控制与管理必须从项目开始抓起。

项目的质量管理一般包含质量规划、实施质量保证和实施质量控制三个内容。信息系统项目质量规划就是要将与信息系统有关的质量标准标识出来，并提出如何达到这些质量标准和要求。质量保证是在质量控制体系中实施的全部计划的、有系统的活动，提供满足项目相关标准的措施，贯穿整个项目实施的全过程。与关注产品质量检查的质量控制相比，质量保证关注的是质量计划中规定的质量管理过程是否被正确执行，是对过程的质量审计。

质量控制是项目管理的重要方面之一，建立和执行适当的质量衡量标准是进行项目质量管理的关键。质量控制贯穿了项目管理的全过程，是在项目管理中对质量的动态管理。它不仅是对开发成果的质量要求控制，还包含了对开发工作流程、开发方式、财务成本及开发风险等各方面的控制管理过程。

经典的质量控制方法为最有影响力的“质量七工具”：因果图、控制图、流程图、直方图、帕累托图、趋势图、散点图。此外，还有统计抽样技术、过程决策程序图、质量检查表等方法，均可用于控制整个项目的质量状况。

5. 信息系统项目风险管理

导致信息系统项目失败的因素来自很多方面，比如项目实施的技术风险、项目管理风险及组织转变风险等。信息系统项目管理的主要目的就是帮助信息系统项目团队积极迎接风险，主动控制风险，以最小代价应对风险，使机会或回报最大化、潜在风险损失最小化。

（1）项目实施的技术风险。项目实施的技术风险与项目规模、项目结构和技术经验等三个因素有关。

项目风险与其所需花费、人数、时间跨度、地域跨度和部门跨度成正比。项目影响到的部门和个人越多，信息的量越多，信息的流动就越复杂，所涉及的运作和控制也越复杂。因此，一个持续 4 年、500 万元、影响 5 个部门 20 个下属单位、涉及 120 个用户的信息系统项目，比一个 3 万元、2 个用户、2 个月即完成的信息系统项目风险大得多；一个全球范围内信息系统的实施也比在一座办公大楼里的信息系统风险要高。

如果信息系统结构化程度高，它的需求就明白直接，系统产出和流程就很清晰，这样的系统风险就低；结构化程度低的项目，需求不那么直接和明显，结果也不那么确定，风险也就高。

如果现有技术不够成熟和稳定，项目的风险就高一些。如果项目小组缺乏所需的技术和经验，工程风险会变大。如：因掌握新技术的时间较长而导致的延期；因开发工具掌握得不够好而产生的各种技术问题；因对各种软硬件的特性不熟悉而产生的额外的时间和金钱花费。

（2）项目管理风险。在项目管理过程中，可能遇到的主要风险来自于项目管理的各个方面，比如项目人员组织、项目时间和进度的控制、成本控制、质量控制和结果评价。

在项目人员的组织方面，如果项目小组缺少信息技术知识或项目管理经验，或者缺少关键用户的积极参与，往往会遇到困难。如果项目小组中的技术顾问来自第三方，则存在着企业自身学习掌握信息系统使用和维护的问题。如果企业内部的实施人员经常变动，不能专职稳定地参与项目，把实施项目视为第三方的责任而不是企业自己的工作，将直接影响到企业对新系统的掌握，往往造成新系统建成，第三方人员离开，而企业用户不会使用和维护的尴尬局面。如果项目小组没有得到足够的授权，不能够协调部门之间的工作、统筹安排跨部门的实施人员，扯皮现象就不可避免。

在项目时间和进度控制方面，许多信息系统项目在一开始就没有能够制订明确、可行的进度计划，在进行过程中不能按时实现里程碑性的目标，遇到变化后不能及时调整进度，往往造成项目半途而废或系统工期严重延误。

在成本控制方面，在实施过程中如何合理分配实施费用，结合项目进度和时间安排将项目成本控制在计划之内，是每一个信息系统开发企业需要认真对待的问题。有的企业尽管最终开发完成，但是花费却远远超出了预算，客观上造成项目的不成功。

最后，在质量控制和结果评价方面，不少企业在项目之初没有制订信息系统的绩效标准，在开发过程中未能随时控制质量，在项目完成时不知道如何进行评估信息系统的绩效，造成“为上系统而上系统”，为企业的长远发展埋下了危险的种子。

（3）组织转变风险。组织可通过管理观念的转变、组织架构的调整、业绩考评体系的转变、用户角色和职能的转变等方式转变信息系统项目建设的风险。

信息系统的实施是一个管理项目，而不仅是一个信息系统项目。不少企业的高层管理人员尚未认识到这一点。比如在选择和实施系统时，仅由技术部门负责，缺少管理人员和业务人员的积极参与；项目经理由技术部门的领导担任，高级管理人员，尤其是企业的一把手未能亲自关心并负责系统实施。管理观念的转变还体现在信息系统实施过程对企业原有管理思想的调整上。

为适应信息系统带来的改变，企业必须在组织架构和部门职责上做出相应调整。因此，实施信息系统往往需要同时进行业务流程重组和改善工作。在流程重组中，会涉及部门职能的重新划分、岗位职责的调整、业务流程的改变、权力利益的重新分配等复杂因素。如果企业不能妥当地处理这些问题，将会给企业带来不稳定因素。

由于企业组织架构和业务流程的调整，企业必须对业绩考评体系进行相应的调整，以适应新的岗位职责和业务要求。能否顺利地将原有的业绩考评体系转变到适应新系统的业绩考评体系，是对企业的一个考验。

（4）信息系统项目风险管理。风险管理一般包括风险识别、风险分析、风险应对、风险监控这几个过程。

风险识别是管理风险的第一步，即识别整个项目过程中可能存在的风险。风险识别的目的是确定每个风险对项目的影响大小，一般是对已经识别出来的项目风险进行量化估计。通常根据项目的性质，从潜在的事件及其产生的后果和潜在的后果及其产生的原因来检查风险。收集、整理项目可能的风险并充分征求各方意见，形成项目的风险列表。

风险分析之后，就已经确定了项目中存在的风险及它们发生的可能性和对项目的风险冲击，并可排出风险的优先级。此后就可以根据风险性质和项目对风险的承受能力制订相应的防范计划，即风险应对。制订风险应对策略主要考虑以下四个方面的因素：可规避性、可转移性、可缓解性、可接受性。风险的应对策略在某种程度上决定了采用什么样的项目开发方案。对于应“规避”或“转移”的风险，在项目策略与计划时必须加以考虑。确定风险的应对策略后，就可编制风险应对计划，它主要包括已识别的风险及其描述、风险发生的概率、风险应对的责任人、风险对应策略及行动计划、应急计划等。

制订了风险防范计划后，在项目执行过程中，需要时刻监督风险的发展与变化情况，并确定随着某些风险的消失而带来的新的风险。风险监控包括两个层面的工作：一是跟踪已识别风险的发展变化情况，包括在整个项目周期内，风险产生的条件和导致的后果变化，衡量风险减缓计划需求；二是根据风险的变化情况及时调整风险应对计划，并对已发生的风险及其产生的遗留风险和新增风险及时识别、分析，并采取适当的应对措施。对于已发生过和已解决的风险也应及时从风险监控列表调整出去。

三、信息系统开发项目的组织

1. 建立项目小组

信息系统的开发需成立项目管理机构，由项目负责人进行统一管理和协调。可以根据项目经费的多少和系统的大小来确定相应的项目组。项目组根据工作需要可以设若干小组，小组的数目和每个小组的任务可以根据项目规模、复杂程度和周期长短来确定。

可以设立的小组有过程管理小组、项目支持小组、质量保证小组、系统工程小组、系统开发与预测小组、系统集成与预测小组等。

项目小组（项目经理）是整个项目的领导者，其任务是保证整个开发项目的顺利进行，负责协调开发人员之间、各级最终用户之间、开发人员和广大用户之间的关系。同时他拥有资金的支配权，可以把资金作为强有力的工具来进行项目管理。对项目经理的资金运用情况可采用定期向上级汇报等方法进行合理监督。

项目经理在实施项目领导工作时，要时刻注意所开发的系统是否符合最初指定的目标；在开发工作中是否运用了预先选择的正确的开发方法；哪些人适合于做哪些工作等。只有目的明确、技术手段适合、用人得当，才能保证系统开发的顺利进行。

过程管理小组的任务是负责整个项目的成本及进度控制、配置管理、安装调试、技术报告的出版、培训支持等项任务。这是一个综合性的结构，用于保证整个开发项目的顺利进行。

项目支持小组的任务是保障后勤支持，它要及时提供系统开发所需要的设备、材料；负责进行项目开发的成本核算；负责合同管理、安全保证等。特别是对大型项目而言，由于其涉及的资金巨大、开发人员众多，材料消耗也多，尤其要进行科学的管理。

质量保证小组的任务是及时发现影响系统开发质量的问题并给予解决。

系统工程小组的任务是用系统的观点制订出系统开发各个阶段的任务，即将整个开发过程按阶段划分出若干个任务，规定好每个任务的负责人、任务的目标、检验标准、完成任务的时间等。只有明确每一项任务的责、权、利，才能使开发工作顺利进行。

开发与测试小组的任务是充分利用系统开发的技术、模型及一些成熟的商品软件从事各子系统的开发与集成，并对各系统进行测试。

系统集成是对整个信息系统进行综合的过程，该小组成员充分注意软件、硬件产品与所开发的信息系统之间的结合。

2. 项目成员的角色分工

信息系统项目中通常需要用户方与开发方的共同协作，他们在信息系统开发过程中扮演着不同的角色，包括项目管理者、用户方的业务人员、用户方的决策层、开发方的项目管理人员、开发方的软件编程人员等。

项目管理者是信息系统项目的组织者，负有信息系统项目的计划、阶段验收及整体进度的监控、经费的使用、与开发方的项目管理人员工作的协调、用户方的使用人员的组织与培训等职责。

用户方的业务人员是信息系统需求的提出者，也是信息系统的最终用户，是对应用系统开发成功与否的最终评判者。

用户方的决策层是信息系统开发的最终决策机构，要对信息系统开发项目的上马、经费的预算及信息系统所要达到的总目标等做出决策。

开发方的项目管理人员负责项目的计划、开发人员的组织与调度、开发进度的检查，以及与用户方项目管理人员工作的协调。

开发方的软件编程人员根据用户方的需求，按照项目的计划及进度进行系统开发。

【延伸阅读】

从美剧《越狱》看项目管理

越狱具备了项目的特征，有其临时性和明确的目标，并且有十分严格的时间限制（林肯·布鲁斯执行死刑前）。而其运作受制于有限的资源，需要有良好的规划、执行和控制。迈克尔·斯科菲尔德在这个越狱项目中把各种知识、专业技能、工具应用于项目活动中。其给予的项目管理启示也是很有专业价值的，并把项目管理的四个重要环节融贯其中，天衣无缝，这些包括：项目前期调研和项目计划、资源管理、风险控制、时间管理。

第二节 信息系统运行维护管理

一个系统运行的好坏不但取决于系统设计开发的技术水平和系统运行人员的素质，更重要的是取决于管理水平的高低。从企业验收并启用信息系统开始，对系统进行管理和维护就成了企业信息化管理工作的主要任务。任何一个系统都不是一开始就很完善，总是经过多重的开发、运行、再开发、再运行的循环不断上升的。信息系统运行管理的目标就是对信息系统的运行进行实时控制，记录其运行状态，进行必要的修改和扩充，使信息系统真正符合企业需要，为管理决策提供足够的信息支持，为企业功能运行的信息化提供保障。

一、运行管理

信息系统的运行管理是日常性的工作，比较琐碎和频繁，但是对系统的正常运行和方便维护是非常重要的。信息系统运行管理主要包括系统的安全与保密管理、系统的日常管理和控制、系统的文档管理和用户培训等。除此之外，系统运行管理还应包括现行系统功能的全面启用、信息资源的全面开发利用。

1. 系统运行的常规管理和控制

系统运行的日常管理包括收集数据、整理数据、录入数据及处理结果。此外，还应包括简单的软件安装升级、硬件维护和相应的设施管理，如新数据的录入、存储、更新、复制、统计分析、报表生成和定期与外界交流等数据处理工作。这些工作一般要按照一定的操作规程进行，一定要保证数据的录入与处理的及时性、快速性和准确性。

（1）运行情况记录。系统运行情况的记录，主要包括工作量记录、工作效率记录、系统服务质量记录、系统维护情况记录、系统故障记录等5个方面的内容。整个系统运行情况的记录能够反映出系统在大多数情况下的状态和工作效率，对于系统的评价和改进具有参考价值。因此，对信息系统的运行情况一定要及时、准确、完整地记录下来。除了日常例行的正常运行记录外，更重要的是要及时记录下意外或特殊情况的处理结果，如更换、添加或减少硬盘、意外停机、操作系统或数据库平台升级等。

由于这些工作比较繁琐，在实际中往往会流于形式，一般应在系统中设置自动记录功能。但是，一些重要的运行情况及所遇到的问题，例如多人共用或涉及敏感信息的计算机及功能项，应作书面记录。

系统运行情况记录应事先制订尽可能详尽的规章制度，具体工作主要由使用人员完成。系统运行情况无论是自动记录还是由人工记录，都应作为基本的系统文档长期保管，以备系统发生故障或损害时可追溯，维护时可参考。

（2）系统运行控制。系统的运行控制采用强制的制度和手段，以防止非法进入者运行系统，限定合法用户在一个设定的范围内有序运行系统。系统的运行控制一部分与安全保密工作共享，例如安保制度、系统访问机制、用户和权限管理等；另一部分则是特有的，其中最为主要的是信息系统的审计。

信息系统运行阶段的审计控制内容包括以下内容：一是审计线索的控制。审核依赖于事实，系统运行的轨迹和输出要在法定期限里完整地保存。二是运行处理合法性审计。审核用户运行的功能在制度上和程序上的合法性、正确性和完整性。三是运行结果合法性审计。采用审计软件手段，核查系统输出的电子数据是否真实和合理，有无异常和疑点。

2. 系统的安全与保密管理

系统的安全与保密是通过各种软硬件措施来保护系统资源，使其不受损失的管理工作。在信息系统的开发过程中，需投入大量的人力和资金，系统的各种软硬件是组织的重要资产。在信息系统的运行过程中会产生和积累大量的信息，这些信息是企业的重要资源，它们几乎反映了一个组织所有方面的过去、现在与未来。系统软硬件的损坏或信息的泄露会给组织带来不可估量的经济损失，甚至危及组织的生存与发展。因此，信息系统的安全与保密是一项必不可少的极其重要的信息系统管理工作。

另外，信息系统几乎被组织内部每一位管理人员接触与享用，随着信息化建设的深入，组织与外界的信息交往也日益广泛与频繁，由于信息的易传播性与易扩散性，使得信息系统的安全保密工作难度大大增加。

信息系统的安全与保密是两个不同的概念。信息系统的安全是为防止有意或无意的破坏系统软硬件及信息资源行为的发生，避免遭受损失所采取的措施；信息系统的保密是为防止有意窃取信息资源行为的发生，使组织免受损失而采取的措施。安全性问题轻则系统局部功能失效，重则使整个系统瘫痪；保密性问题主要是由于人为地采用各种非法手段窃取或泄露信息。信息的失密轻则蒙受经济损失，严重时甚至会陷入倒闭的境地。当前常见报道的病毒传播破坏和电脑“黑客”犯罪等典型现象很好地说明了信息系统安全与保密的必要性和紧迫性。

为了维护信息系统的安全性与保密性，应做好以下工作：

(1) 依照国家法规及企业的具体情况，制订严密的系统安全与保密制度，作深入的宣传与教育，提高全体人员的安全与保密意识；

(2) 制订信息系统损害恢复规程，明确在系统遇到自然的或人为的破坏而遭受损害时应采取的各种恢复方案与具体步骤；

(3) 配备齐全的安全设备，如稳压电源、电源保护装置、空调器等；

(4) 配置切实可靠的系统访问控制机制，包括系统功能的选用与数据读写的权限、用户身份的确认、防火墙设置等；

(5) 完整地制作系统软件和应用软件的备份，并结合系统的日常运行管理与系统维护，做好数据的备份及备份的保管工作；

(6) 敏感数据尽可能以隔离方式存放，由专人保管。

上述措施必须完整地严格执行，尤其是人的安全保密意识，必须强调自觉、认真参与，承担各自的责任。只有这样，才可能从根本上解决信息系统的安全保密问题。

3. 系统文档管理

信息系统的文档是描述系统从无到有整个发展与演变过程及各个状态的描述性资

料。信息系统的文档管理是对系统开发过程各阶段产生的各种技术文件与档案的保管及运行过程中更新文档资料的工作，也是使系统能正常运行的基础性工作。

系统文档不是一次性形成的，而是在系统开发、运行与维护过程中不断地按阶段依次推进编写、修改、完善与积累形成的。可以说，如果没有规范的系统文档，信息系统的开发、运行与维护会处于一种混沌状态，这将严重影响系统的质量，甚至导致系统开发或运行的失败。当系统开发人员发生变动时，问题尤为突出。

信息系统实际上由系统实体及与此对应的文档两大部分组成，系统的开发要以文档的描述为依据，系统实体的运行与维护更需要文档来支持。因此，我们说，系统文档是信息系统的生命线。如表 5-4 所示，根据不同的性质，可将文档分为技术文档、管理文档及记录文档等若干类，进行分类管理。

表 5-4 信息系统文档内容及产生阶段

文档类别	文档内容	产生阶段
技术文档	系统总体规划报告	系统规划
	系统分析报告	系统分析
	系统设计说明书、程序设计说明书、数据设计说明书、系统测试计划	系统设计
	系统使用说明书、系统测试报告、系统维护手册 *1	系统实施
管理文档	系统需求报告	系统开发前
	系统开发计划、系统开发合同书 *2、系统总体规划评审意见	系统规划
	系统分析审批意见	系统分析
	系统实施计划、系统设计审核报告	系统设计
	系统试运行报告、系统维护计划	系统实施
	系统运行报告、系统开发总结报告、系统评价报告、系统维护报告	运行与维护
记录文档	会议记录、调查记录	各阶段
	系统运行情况记录、系统日常维护记录、系统适应性维护记录	运行与维护

注：*1 表示运行中继续完善；*2 表示委托或合作开发时。

系统文档的管理工作主要有：文档标准与规范的制订；文档编写的指导与督促；文档的收存、保管与借用手续的办理等。

文档的标准与规范要以国家规定并结合具体系统的特点在系统开发前制订，用于指导与督促系统开发人员及系统使用人员及时编写有关的文档资料。为保持文档的一致性与可追踪性，所有文档都要收全，集中统一保管。特别要注意的是购置的商品软件的配套文件资料也要纳入规范的文档工作。文档的管理虽不是一件日常性的工作，但因为对系统的质量至关重要而必须由专人负责，并形成制度。

二、系统维护

系统维护是在系统运行中，为了适应系统环境的变化，保证系统能够持续、正常运行而从事的各项活动。信息系统的运行管理与维护是捆绑在一起的两个方面。前者实现价值，后者保驾护航。信息系统的维护从投入运行开始，一直要延续到被更好的新系统替代为止。

1. 系统的日常维护

信息系统的日常维护包括定时定内容地重复进行的有关数据与硬件的维护，是系统应急维护和适应性维护的基础。

在数据或信息方面，须通过备份、存档和整理等进行日常维护。大部分的日常维护应该由专门的软件来处理，但处理功能的选择与控制一般还是由使用人员或专业人员来完成。为安全考虑，每天操作完毕后，都要对更新过的或新增加的数据作备份。除正本数据外，至少要求有两个以上的备份，并以单双方式轮流制作，以防刚被损坏的正本数据冲掉上次的备份。数据正本与备份应分别存于不同的硬盘上或其他存储介质上。

数据存档或归档是当工作数据积累到一定数量或经过一定时间间隔后转入档案数据库的处理，作为档案存储的数据成为历史数据。数据的整理是关于数据表的索引、记录顺序的调整等，数据整理可使数据的查询与引用更为快捷与方便，对数据的完整性与正确性也很有好处。所谓的数据仓库，实际上也是一种理想的档案数据存储。

在硬件方面，日常维护主要有各种设备的保养与安全管理、简易故障的诊断与排除、易耗品的更换与安装等。硬件的维护应由专人负责。

2. 系统的应急维护

信息系统的应急维护是指应对外部突发性事件或内部隐患暴发而采取的预防措施和系统遭受损害后的紧急处置和恢复工作。外部突发性事件包括自然灾害、人为破坏和连锁波等；内部隐患主要包括系统缺陷、误操作和有意破坏等，因其暴发的突然性而同属于突发事件。信息系统需要应急维护的根本原因在于克服信息技术的脆弱性和非法牟利的低成本。

突发事件的概率不大，但大都无法确定具体发生的时间，而且一旦发生就会对信息系统造成局部或全局的危害，有时甚至是无法弥补的。例如，电力调度、金融业务、电信业务、航空交通、连续型生产管理等重要的信息系统，在遭受不利突发事件时可能造成难以估计的损失。

信息系统的应急维护可从事前防范和事后应对来考虑。事前防范措施主要是通过建立和实施多层次的应急维护体系、设计多套应急预案，以防止或减少有害突发事件的发生、降低风险度。具体包括信息系统各组成重要性等级和易冲击程度的评定、各种可能风险和系统脆弱点的识别、危害发生可能性和程度的评估、有害突发事件的预警、事后应对机制和应对流程的设计、系统恢复方案的预置等。

事后应对措施的内容包括备用系统的启用、硬件的修复或更替、软件的修改或重装、数据的修补或恢复、系统损害程度的评估和因果分析，等等。

应急维护的主体首先是用户自己，因为时间是应急维护的首要因素。当信息系统的技术比较复杂、损害情况比较严重而难以自行应对时，则需要专业的信息系统维护人员提供维护服务。事实上，应急维护措施的有效性与系统的安全保密和日常维护工作有关。如果一个信息系统的安全保密措施到位，日常维护工作有序，例如能够按时备份数据、及时发现和修复系统缺陷等，那么就能降低风险、减少突发事件的发生，有利于应急维护。

规模越来越大、涉及面越来越广、依赖性越来越强是当前信息系统应用的一种趋势，由此，信息系统的应急维护的重要性亦日趋突出。如何做好信息系统的应急维护工作，是一个很有现实意义的问题。

3. 系统的适应性维护

为适应环境进行的变革，信息系统自然地也要做相应的改进与提高。另一方面，一个信息系统不可避免地会存在一些缺陷与错误，它们会在运行过程中逐渐暴露出来。为使系统保持正常运行，所暴露出的问题必须及时地予以解决。为适应环境的变化及克服本身存在的不足，对系统做出调整、修改与扩充，称为系统的适应性维护。

实践证明，信息系统的维护与系统运行始终并存。系统维护所付出的代价，往往要超过系统开发的代价。系统维护的好坏，将显著地影响系统的运行质量、系统的适应性及系统的生命期。我国许多企业的信息系统开发完成后，不能很好地投入运行或难以维持运行，在很大程度上就是重开发轻维护所造成的。

系统的适应性维护是一项计划性的工作。它以系统运行情况记录与日常维护记录为基础。其维护内容主要包括：系统发展规划的研究、制订与调整；系统缺陷的记录、分析与解决方案的设计；系统结构的调整、更新与扩充；系统功能的增设、修改；系统数据结构的调整与修改；系统硬件的维修、更新与添置；系统维护的记录及维护手册的修订等。

三、运行管理模式

1. 信息管理部门的建制

组织内部的信息管理部门是随着信息技术的发展而产生和成长起来的新的组织机构，如今几乎每个稍具规模的组织都设置有专门的信息管理部门或信息管理机构。一般认为信息管理部门的责任是引入和配置信息技术，开发和组织信息资源，为所在组织提供信息服务，以支持组织战略目标的实现。

早期的信息技术应用隶属于财务管理或技术管理等部门，后来出现了以计算机中心、信息部、信息系统研发部命名的信息管理机构，目前基本一致地发展为信息管理部。信息资源是重要战略资源，系统中的信息反映了组织的全貌，包括技术、财务和人事等各方面的现状和发展情况，因此信息管理部门是组织的一个机要部门。该部门通过承担以下任务来履行自己的职责：信息化建设规划的策划、制订与实施；信息化建设项目的组织、管理与实施；信息资源的开发、组织与管理；信息系统的管理；信息人员的组织、培养与管理；向组织各阶层提供信息服务。

目前我国组织内的信息管理部门，在结构、规模和人员组成上有较大差别。在结构上，主要有传统的阶层结构和按项目划分的矩阵结构两大类；在规模上，有的比较庞大，分工较细，有的规模很小，身兼数职；在人员的组成上很广泛，有计算机专业背景的或管理专业背景的人才。

一些采用自主开发信息系统方式的大型企业，一般按项目搭建信息管理部门。对于集团公司，信息管理部门分级而设，集团总部和各分支机构的信息部门搭配结构依公司组织体制和管理模式而定。在高度集权的公司中，总部负责统一的信息化建设和系统开发管理工作，信息管理部门较庞大，而分支机构的信息管理部门主要负责系统的运行和维护管理，构成上较简单。

信息管理部门的规模决定于不同组织的具体情况，部门人数一般情况下约为组织总人数的1%～3%。自主开发信息系统为主的组织，信息人员比例要高于以购置商品软件为主的组织。当信息人员配置较少时，岗位设置较粗，一个人往往分担若干岗位的工作。

2. 信息主管和信息人员

信息主管（Chief Information Officer，简称CIO）是信息管理部门的总负责人，承担有关信息技术应用、信息资源开发和利用的领导工作。其主要任务是要通过信息技术和信息资源来增强竞争力，为组织在信息社会环境中的生存和发展开阔新的空间。CIO要领导上述的信息管理部门各分支，但最主要的是负责信息化建设中战略性的和方向性的工作，如信息化规划、信息资源的配置、信息人才队伍的建设，以及参与组织高层的决策，尤其是组织变革方面的重大决策。CIO艰巨的任务和高期望值，也对其提出了很高的素质要求。CIO应该具备较高水平的组织能力和领导能力，具有商业头脑和谈判、沟通与解决冲突的技能。实践证明，CIO的商业背景和管理背景远比其技术背景更重要。

信息人员大都具有较高学历，有技术或管理专长，上下级概念较淡薄，较看重成就感。因此，信息人员的招聘、培养和管理等也有其特殊性。信息人员肩负的任务具有较大的不确定性和自主寻求解决方案的特点，还会涉及较多的商业机密。因职业关系和信息技术的特性，信息人员对于组织的信息安全和信息伦理担负着艰巨的责任。他们既要防范来自外界的信息安全威胁，也要考虑如何避免产生于内部的信息利益损害。由于目前还很难从技术上解决信息安全问题，因此，一方面要从技术上加强组织的信息安全保障，另一方面要从管理机制上加强信息人员信息安全意识和职业道德的教育。

3. 运行管理体制

建立健全信息系统的规章制度，有效地利用运行日志等手段对系统的运行过程进行监督和控制是系统运行的重要保证。信息系统投入正式运行以后，信息就会始终不断地输入到系统，经过加工后又不断地输出，提供给各有关部门使用。任何一点疏忽都将产生意想不到的严重后果，所以必须建立严格的系统运行人员的岗位责任制和其他相应的规章制度。

归纳起来，必要的管理规章制度一般为以下七个方面的内容：系统及系统设备的安全管理制度，系统定期进行维修的制度，系统运行的必要操作规程，用户的操作使用规程，系统信息安全性、保密性的管理制度，系统修改规程，系统运行日志及填写规程。

除了建立严格的系统运行人员的岗位责任制和其他相应的规章制度外，还要明确规定各类人员的职权范围和责任，努力做到以下三点：

（1）规定各类人员的职权范围和责任，规定相应用户的操作权限，当出现问题时就知道应如何处理；当有新的信息需求时就知道应该遵照什么管理程序向信息管理部门提出，作为信息管理部门又应按照什么工作流程来及时加以处理等。

（2）企业高层领导或负责人要及时定期地检查系统运行情况，发现问题并及时处理。

(3) 信息管理部门的负责人除了要负责监督系统运行外，还要对本部门各类人员的工作进行监督和检查。

只有这样层层负责，分工明确，协调配合，才能确保建立一整套科学、规范的系统运行管理体制。

【案例】

某企业开发管理信息系统的经验教训

某企业在厂长的积极支持下，决定采用与外单位协作的方式开发管理信息系统。一开始，研制工作开展得较有条理。首先是进行系统调研和人员培训，并规划了信息系统的总体方案。在系统分析和系统设计阶段绘制数据流程图和信息系统流程图的过程中，课题组和主要科室人员在厂长的支持下多次进行了关于改革管理制度和方法的讨论。他们重新设计了全厂管理数据采集系统的输入表格，得出了改进的成本核算方法，试图将月盘点改为旬盘点，将月成本核算改为旬成本核算，将产量、质量、中控指标由月末统计改为日统计核算。整个系统由生产管理、供销及仓库管理、成本管理、综合统计和网络公用数据库五个子系统组成。各子系统在完成各自业务处理及局部优化任务的基础上，将共享数据和企业高层领导所需数据通过局域网传送到服务器，在系统内形成一个全面的统计数据流，提供有关全厂产量、质量、消耗、成本、利润和效率等600多项技术经济指标，为领导决策提供可靠的依据。在仓库管理方面，通过计算机掌握库存物资动态，控制最低、最高储备，并采用ABC分类法加强库存管理。

但在实际执行中，虽然课题组夜以继日地工作，系统还是比原计划拖延了半年才开始进入系统转换阶段（即人工系统和基于计算机的信息系统并行运行阶段）。可以说，系统转换阶段是系统开发过程中最为艰难的阶段，许多问题在这个阶段开始暴露出来：

(1) 手工系统和计算机应用系统同时运行，对于管理人员来说，这加重了其负担。在这个阶段，管理人员要参与大量原始的输入和计算机结果的校核。特别是仓库管理系统，需要把全厂几千种原材料的月初库存一一输入，工作量极大，而当个别程序出错且修改时间较长时，往往需要重新输入。这就引发了某些管理人员的不满。

(2) 在产生的经济效益方面，虽然计算机打印出来的材料订购计划优于原来由计划员凭经验编写的订购计划，但计划员面子上过不去，到处说计算机系统不好用，并表示不愿意使用新的系统。

以上这些问题，经过努力，逐一得到解决，系统开始正常运行，并获得上级领导和兄弟企业的好评。但是，过一段时间，企业环境发生了很大的变化。一是厂长奉命调离；二是厂外开发人员移交后撤离；三是企业效益下降，人心惶惶，无暇顾及信息系统发展中产生的各种问题。与此同时，新上任的厂长不太支持该管理信息系统的应用。这时，原来支持该系统应用的计划科长也一反常态，甚至在工资调整中不给计算机室人员提工资。结果使已掌握软件开发和维护技术的主要人员调离工厂，整个系统陷入瘫痪状态，最后以失败而告终。

讨论：

1. 系统开发比原计划拖延较长时间，说明了什么问题？

2. 企业管理人员的素质对系统开发有何种影响？

3. 通过这个案例，你认为企业一把手在开发管理信息系统中的作用是什么？

4. 试用本案例说明，管理信息系统不仅是一个技术系统，而且还是一个社会技术系统。

本章小结

信息系统开发技术与项目管理是信息系统建设成功的两个重要支柱。信息系统项目管理是考虑如何组织人力、如何安排进度、如何控制成本和质量、如何达到客户满意度等系统建设的管理问题。系统建设完成之后，便进入运行使用阶段，这个阶段是系统充分发挥作用，实现其目标的阶段。有效、规范的管理，不断修改和完善是系统发挥效益、延长生命周期必不可少的条件。运行管理包括日常运行的记录、管理及对运行情况的检查和评价。

习　题

1. 信息系统项目具有哪些不同于一般工程项目的特点？

2. 信息系统管理的目的是什么？按大致的系统生命阶段划分，相应的管理内容有哪些？

3. 为什么说系统文档是信息系统的生命线？

4. 简述信息系统运行的日常管理工作。

5. 简述信息系统维护的内容和维护的类型。

6. 信息系统维护应注意哪些问题？

第6章 管理信息系统的应用

【案例导入】

物联网超市

在未来，物联网技术支持下的超市应该是这样的：在购物车上安装了带有电子天线的微电脑处理器，当贴有RFID标签的商品离开货架，放置在购物车的时候，商品就已经被购物车记录下来。当你完成购物的时候，只要拿出你的银行卡在超市指定地点轻轻一刷，就完成了结算环节，免去了目前收银员要拿着扫描枪扫描每一个条形码的麻烦。当然，未来如果出现带有RFID功能的银行卡，只要消费者拿着商品走出超市，结算就自动完成了。最为方便的是，当你有想买的商品而找不到时，只需在购物车的触摸屏上输入商品名称，显示屏就会立刻显示一条能找到那个商品的最优路线。购物车上还可以随时查看目前所购商品的总价，这种神奇的购物车简直就是你购物的最佳伴侣。

组织中信息系统所担当的角色在不断改变、扩张。从时间上看，经历了数据处理系统到管理报告系统、决策支持系统和战略及终端用户支持系统。发展到今天，管理信息系统的应用已无孔不入，可以从不同的角度对其分类。比如，从职能角度，可分为市场、生产或服务、财务和会计、人事等不同的职能系统；从流程角度，可分为上游企业的供应链管理系统、中游企业的资源计划系统，以及下游企业的客户关系管理系统；从行业角度，又可分为政府机关系统、企业系统、银行系统和学校系统等。

第一节 企业资源计划

20世纪60年代之前，制造业受条件的限制，一般采用订货点法作为编制物料库存计划和控制库存量的基本方法。所谓订货点法，就是指对生产中需要的各种物料，根据对库存补充周期内的需求量预测，规定一个安全库存量和订货点库存量。由于该方法不能准确告知物料的需求时间，所以面对不断变化的需求，企业不得不保持一个较高的库存水平，其结果造成过多的库存。于是，企业资源计划应运而生。

企业资源计划（Enterprise Resource Planning，ERP）是管理信息系统在企业中的典型应用，这是一种全新的基于信息技术的企业管理模式，是一个对企业物流、资金流和信息流三大资源进行全面集成管理的信息系统。ERP 的形成是随着产品复杂性的增加、市场竞争的加剧、信息全球化的迅速发展而产生的，其发展大致经历了四个阶段，即基本 MRP 阶段、闭环 MRP 阶段、MRP II 阶段和 ERP 阶段。

一、物料需求计划（MRP）

20 世纪 60 年代，人们为了克服订货点法的缺陷而提出了一种新的库存计划方法，即物料需求计划（Material Requirements Planning，MRP），或称基本 MRP。这种方法以物料为对象，借助计算机按照产品结构计算并制订出各种物料的需求计划，从而实现减少库存、优化库存的管理目标。这里，“物料”是指为了产品出厂需要列入计划的一切不可缺少的物料的统称，不仅包括原料、半成品、成品等，同时也包括包装材料、产品说明书等。

MRP 的基本思想是：根据主生产计划（Master Production Schedule，MPS）表上产品的需要数量、需要时间，按照产品结构表列出所需物料的种类、数量及现有库存来决定采购或生产。换句话说，只要给出了产品的主生产计划，就可以依照产品结构将产品数量和与其相关的所有物料的需求量分层次地联系起来，同时按照工艺路线推算出所有物料的产出时间和投入时间。MRP 提供了物料需求的准确时间和数量。

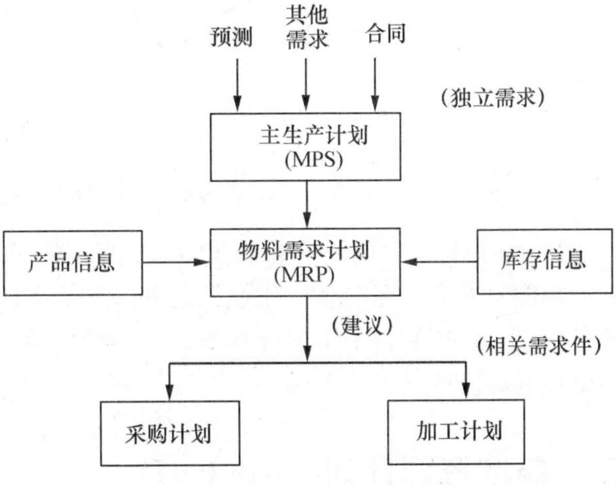

图 6-1　MRP 基本原理示意图

根据 MRP 的基本思想，可以得到 MRP 的结构原理，如图 6-1 所示。可以看出，MRP 实际上回答了如下问题：准备生产什么、生产多少（主生产计划）；生产需要用到什么物料（产品结构、物料清单）；已经有了什么物料（库存）；还需要得到什么物料（加工计划、采购计划）。

二、闭环 MRP

基本 MRP 仅仅是一种库存管理技术，还不能满足企业对生产管理的全部要求。于是在20世纪70年代，人们在基本MRP基础上，又增加了对生产能力计划的功能，使其发展成为一个可以用来进行生产计划与控制的系统，称为闭环MRP（Closed Loop MRP）。如图6-2所示，其基本思想是围绕物料转化组织制造资源，实现按需准时生产。

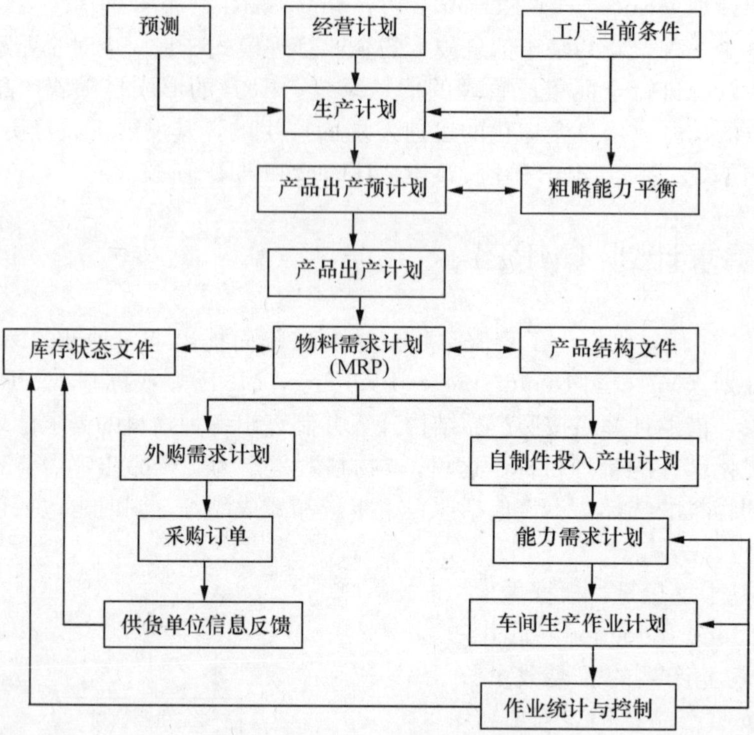

图6-2　闭环MRP系统流程图

闭环MRP的“闭环”有双重含义：第一，它不仅仅考虑物料需求计划，还将与之有关的能力需求、车间生产作业计划和采购等方面的因素考虑进去，使整个问题形成闭环；第二，从控制论来讲，计划制订与实施之后，需要取得反馈信息，以便修改计划与实施控制，这样又形成了闭环。

三、制造资源计划（MRP II）

进入20世纪80年代，随着企业对财务信息关注度的提高，人们又将与企业经营生产有着密切联系的会计、销售等功能整合到闭环MRP系统，形成了企业经营生产管理计划系统，即制造资源计划（Manufacturing Resource Planning，MRP II）。这是一个完整的综合性的企业管理信息系统，它集成了企业产、供、销、人、财、物等各个环节和资源的系统，可以用来解决阻碍企业生产的各种问题。MRP II的逻辑流程如图6-3所示。

从流程图可以看出，经营计划是MRP II的起点。经营计划就是确定企业的产值和利润指标，而要实现一定的产值和利润指标，必须按照市场的需求决定生产什么和生产

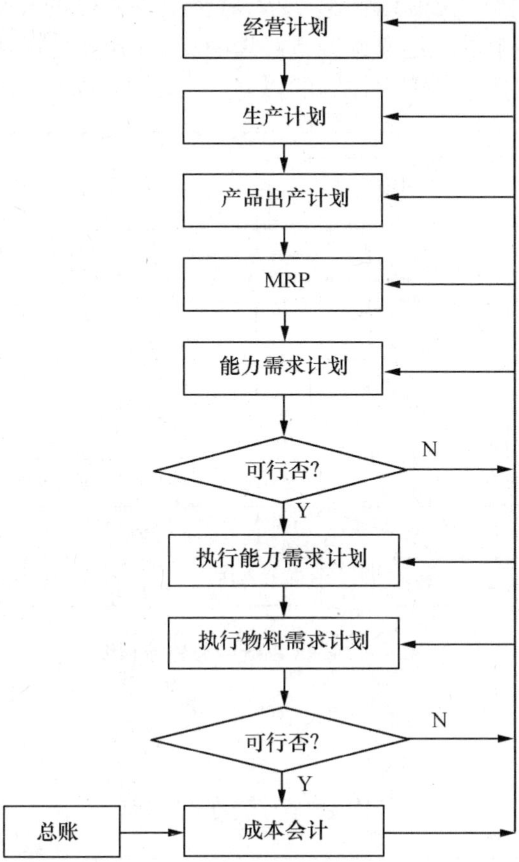

图 6-3　MRP II 的逻辑流程图

多少，这是企业生产经营活动的一个最基本的决策。而最后所有的资金数据都可以来进行成本核算，通过成本核算和财务管理对整个企业的经营状况进行监督和控制。显然，MRP II 是整个企业的 MRP II，而不生产部门的 MRP。

四、企业资源计划（ERP）

随着产品复杂性的增加、市场竞争的加剧、信息全球化的迅速发展，1990 年，美国著名的计算机技术咨询和评估集团（Gartner Group Inc.）在有关其发展的研究报告《ERP：A Vision of the Nest-generation MRP II》（ERP：下一代 MRP II 的远景展望）中，提出了 ERP 的概念，并认为它是现阶段制造企业管理技术的前沿领域，是在 MRP II 基础上发展而成的企业信息管理综合解决方案。

一般来说，企业的所有资源包括物流、资金流和信息流三个部分，ERP 就是对这几种资源进行全面集成的管理系统。概括地说，ERP 是建立在信息技术基础上的，利用现代企业的先进管理思想，全面集成企业的所有信息资源，并为企业提供决策、计划、控制和经营业绩评估的全方位和系统化的管理平台。

因此，ERP 的核心管理思想就是实现了对整个供应链的有效管理，主要体现在以下三个方面：体现对整个供应链资源进行管理的思想；体现精益生产、并行工程和敏捷制造的思想；体现事先计划与事中控制的思想。ERP 系统的总体流程如图 6-4 所示。

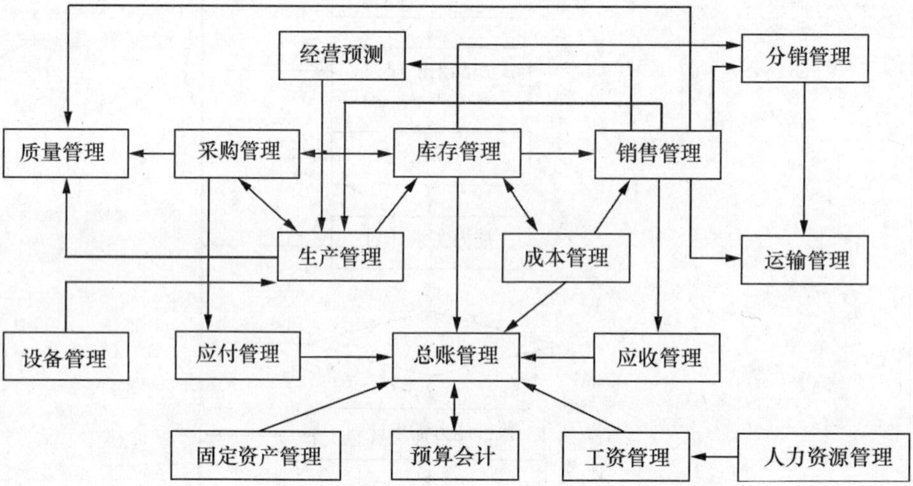

图 6-4 ERP 系统的总体流程图

【延伸阅读】

ERP 的经济效益统计

据美国生产与库存控制学会（APICS）统计，使用 ERP 系统，可以为企业带来的经济效益如下：(1) 库存效益：库存下降 30%～50%，库存周转率提高 50%；(2) 市场效益：延期交货减少 80%，使用 ERP/MRP II 的企业的准时交货率平均提高 55%，误期率平均降低 35%；(3) 采购效益：采购提前期缩短 50%；(4) 生产效益：停工待料减少 60%；(5) 成本效益：制造成本降低 12%；(6) 管理效益：管理人员减少 10%，生产能力提高 10%～15%。

第二节 客户关系管理系统

客户是企业的重要资源，企业只有不断获取新客户、维持老客户才能得到巩固和发展。客户关系管理就是以提高企业的经营效益为目标，收集客户资料，处理客户信息，对客户与企业的关系进行有效地维护和管理，为客户提供优质服务的过程。它既是一种以“客户价值”为中心的企业管理理论和商业策略，也是一种以信息技术为手段、有效提高企业收益和客户满意度的管理方法。

一、客户关系管理系统的概念

客户关系管理（Customer Relationship Management，CRM）是指企业利用信息技术，通过搜集、管理和使用信息，建立良好的客户关系，通过采取正确的营销策略影响客户行为，最终实现提高客户获得、客户保留、客户忠诚和客户创利的目的。可见，CRM 系统的主要任务是分析客户的购买习惯和兴趣，了解客户的忠诚度，对客户进行分类，寻找潜在的有价值的客户，从而开展个性化服务，提高客户的满意度和企业的信誉度。因此，CRM 能够帮助找到并锁定最好的客户，以正确的价格、在正确的时间、通过正确的渠道提供正确的产品或服务，能够最大限度地使潜在客户变为现实客户，现实客户变为忠诚客户，有利于降低销售成本、开发新的产品、拓宽销售渠道和范围，为企业制订生产策略和发展规划提供科学依据。

实施客户关系管理的核心思想是将客户（包括最终客户、分销商和合作伙伴）作为最重要的企业资源，通过深入的客户分析和完善的客户服务来满足客户的需求，建立稳定、庞大的客户资源群体，进一步提升客户资源的价值量来实现企业的最佳经济效益。

CRM 是一个获取、保持和增加可获利客户的方法和过程。CRM 既是一种崭新的、国际领先的、以客户为中心的企业管理理论、商业理念和商业运作模式，也是一种以信息技术为手段，有效提高企业收益、客户满意度、雇员生产力的具体软件和实现方法。CRM 系统集合了当今最新的信息技术，包括 Internet 和电子商务、多媒体技术、数据仓库和数据挖掘、专家系统和人工智能、呼叫中心等。同时，CRM 凝聚了市场营销的管理理念，市场营销、销售管理、客户关怀、服务和支持构成了 CRM 系统的基石。因此，从某种意义上来说它更是一种商业策略，它体现了企业管理的指导思想和理念，是创新的企业管理模式和运营机制，是企业管理中信息技术、软硬件系统集成的管理方法和应用解决方案的总和。

需要注意的是，当一个企业开始关注客户关系管理时，往往也伴随着业务流程的调整，通过引入先进的营销管理理念、可借鉴的流程制度以及自动化工具，来实现企业的战略目标。

二、客户关系管理系统的功能

客户关系管理系统是一种支持客户关系管理的软件系统，其目标是加快产品销售、降低销售成本、增加利润收入、扩展市场并提高客户的满意度和忠实度。一般地，CRM 由客户数据的搜集与集成、数据的分析与处理、商业决策与服务三部分组成。其中，客户数据的获取与集成是 CRM 的基础部分，围绕商业主题集成；数据分析和处理是 CRM 的主体部分，从集成的数据中发现与客户关联的规则与模式，挖掘有用的商业信息；商业决策与服务是 CRM 的应用部分，根据分析结果制订商业计划与策略，指导管理决策、客户服务和生产销售等商业行为。

由此，客户关系管理的功能可以归纳为三个方面：市场营销中的客户关系管理和销售过程中的客户关系管理和客户服务过程中的客户关系管理，如图 6-5 所示。

1. 市场营销

CRM 系统提供企业员工与客户沟通的平台，提高与客户接触的效率和客户反馈率。它应能通过电话、传真、移动通信工具、电子邮件等多种渠道与客户保持沟通，以便全面了解客户。在市场营销过程中，可有效帮助市场人员分析现有的目标客户群体，如主要客户群体集中在哪个行业、哪个职业、哪个年龄层次、哪个地域等，从而帮助市场人员进行精确的市场投放。客户关系管理也可以有效分析每一次市场活动的投入产出比，根据与市场活动相关联的回款记录及举行市场活动的报销单据，就可以统计出所有市场活动的效果数据。

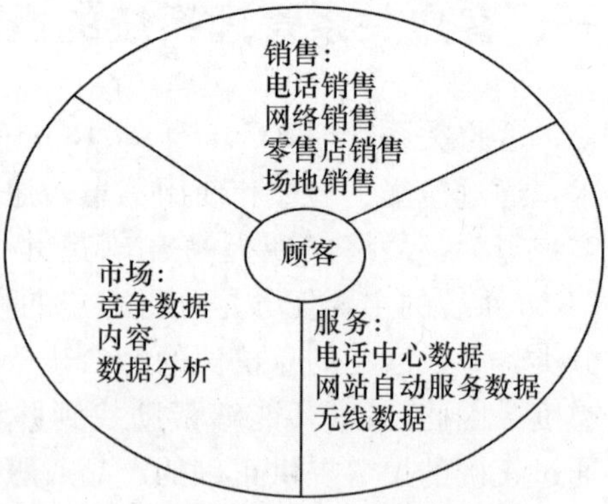

图 6-5 客户关系管理系统功能示意图

2. 相关销售

销售是客户关系管理系统中的主要组成部分，主要包括潜在客户、客户、联系人、业务机会、订单、回款单、报表统计图等模块。CRM 以数据仓库为基础，收集客户的信息和购货数据；通过分析，获得客户的消费偏好和预期的购买行为，作为确定营销策略、为客户提供个性化服务的根据；通过数据挖掘掌握潜在客户的特征，找出潜在客户，拓展市场。业务员通过记录沟通内容、建立日程安排、查询预约提醒、快速浏览客户数据有效缩短了工作时间，而大额业务提醒、销售漏斗分析、业绩指标统计、业务阶段划分等功能又可以有效帮助管理人员提高整个公司的成单率，缩短销售周期，从而实现最大效益的业务增长。

3. 客户服务

CRM 系统提供在线客户服务，包括在线销售自动化、提供信息服务、记录客户反馈信息并及时处理等。客户服务主要是用于快速及时地获得问题客户的信息及客户历史问题记录等，有针对性并且高效地为客户解决问题，提高客户满意度，提升企业形象。主要功能包括客户反馈、解决方案、满意度调查等功能。应用客户反馈中的自动升级功能，可让管理者第一时间得到超期未解决的客户请求，解决方案功能使全公司所有员工都可以立刻提交给客户最为满意的答案，而满意度调查功能又可以使最高层的管理者随时获知本公司客户服务的真实水平。有些客户关系管理软件还会集成呼叫中心系统，这样可以缩短客户服务人员的响应时间，对提高客户服务水平也起到了很好的作用。

三、客户关系管理系统的发展历程

人们在 ERP 的实际应用中发现，由于 ERP 系统本身功能方面的局限性，也由于 IT 技术发展阶段的局限性，ERP 系统并没有很好地实现对供应链下游客户端的管理。另一方面，到 20 世纪 90 年代末期，互联网的应用越来越普及，CTI、客户信息处理技术（如数据仓库、商业智能、知识发现等技术）得到了长足的发展。因此，1999 年，结合新经济的需求和新技术的发展，Gartner Group Inc. 提出了 CRM 的概念。自此，CRM 市场得到了迅速增长。

CRM 的发展可以分为幼儿阶段、少年阶段和成年阶段，如图 6-6 所示。

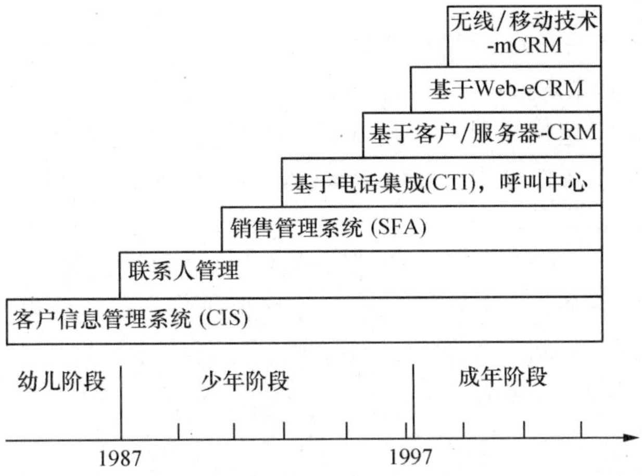

图 6-6　CRM 家族的发展足迹

在未来，对 CRM 中“C”的理解，将会扩展客户的范围。任何一个人或组织，只要他们对企业的发展有贡献（现实的或潜在的），甚至包括员工和合作伙伴，都称之为客户。这样建立起“企业关系管理”的概念，不再限于传统概念上的客户。由此，CRM 向“由客户管理的关系（Customer Managed Relationship，CMR）”转变。过去，企业采用 CRM 时，几乎是以企业利益为中心的，在企业和客户的“权力斗争”过程中，企业基本上主导着关系的发展和维持。而 CMR 的主要论点，就是要确实地将客户作为一个“尊敬的关系主体”邀请到关系管理的全过程中，而不是如 CRM 试图利用新技术“驱赶式”地对待那些显得不那么重要的客户。

另外，CRM 与现代供应链管理（SCM）、企业资源计划（ERP）的集成也是非常重要的。将客户关系管理、企业资源管理和物流网络管理等有机地协调统一，是构成电子商务智能管理系统的重要组成部分。在企业资源的分配方面存在一些制约因素，如丰富产品的库存、满足客户的需求、利用促销的产品清单开展活动等。将 CRM 体系集成到 ERP 和 SCM 中，会极大地优化客户利益。

第三节　供应链管理系统

长久以来，物料提供的工作一直是企业提高效率和效益的瓶颈，严重制约着企业产品的成本降低、加工周期的缩短，使企业不能获得竞争优势，甚至濒临破产。最初的供应链管理策略有订货点技术、准时到货技术等，其目的是在不影响生产的前提下，尽量减少库存和仓库面积，直至零库存和无仓库方式。

一、供应链管理系统的概念

1. 供应链

供应链（Supply Chain）是指由涉及将产品或服务提供给最终消费者的整个活动过程的上游及下游企业所构成的网络。它由围绕核心企业的供应商、供应商的供应商、用户和用户的用户组成，包括从材料采购开始，历经供应商、制造商、分销商、零售商，直至最终消费者的整个运作过程。在供应链中，每个企业是一个节点，节点企业和节点企业之间是一种供给和需求的关系。

应当指出，企业采购的商品并不全部通过供应链获得。一般情况下，通过固定关系的供应链采购的主要是企业所在产业特定的原材料或商品，其中包括协同设计的物料，而一些通用的商品或原材料（如螺钉、计算机、办公用品等）通常在电子交易市场上采购。

2. 供应链管理

供应链管理（Supply Chain Management，简称 SCM）是指围绕核心企业，对供应链中的物流、信息流、资金流以及贸易伙伴关系等进行组织、计划、协调、控制和优化的一系列现代化管理。它是通过前馈信息流（如订货合同、采购单等）和反馈信息流（如完工报告、库存量、销售量等），将供应商、核心企业直至消费者连成一个整体的管理模式。其目的是在供应链上从原材料到最终产品销售的过程中，以正确的数量、正确的时间进行产品制造和分销，提高系统效率，促进系统成本最小化，提高服务水平。

事实上，SCM 是把企业资源的管理范围从企业内部向企业外部扩展，形成了为共同利益而结成的企业之间的战略联盟。实施供应链管理是克服“长鞭效应”的有力工具。据统计，实施供应链管理可以使企业的库存明显减少，总成本下降 10%，交货率提高 15%以上，订货后的生产周期缩短 25%～35%。

一个公司采用 SCM 的最终目的有三个：提升客户的最大满意度（提高交货的可靠性和灵活性）；降低公司的成本（降低库存，减少生产及分销的费用）；企业整体“流程品质”最优化（错误成本去除，异常事件消弭）。因此，SCM 的起点是顾客的需求，对象是各个企业，追求的目标是总成本最低化、客户服务最优化和整个供应链管理的高效化。可以这么认为，信息管理是 SCM 的基础，客户管理是 SCM 的起点；SCM 利用先进的信息技术，用实时、准确的信息取代实物库存；SCM 在供应链各成员之间建立“双赢”的合作伙伴关系，并通过诸如提高信息透明度、建立监控机制、采取激励措施等手段，使供应链企业之间的合作风险降至最低。

3. 供应链管理的发展历程

供应链管理的发展经历了萌芽、形成和成熟三个阶段。

（1）萌芽阶段（20 世纪 80 年代开始到 90 年代初）。过去，企业采用“纵向一体化”的管理模式。其特点是从计算机辅助设计、柔性制造系统、MRP II、JIT（准时制生产）一直到 ERP 都是将管理着眼于企业资源的优化利用。20 世纪 80 年代以后，随着因特网/互联网的出现，企业管理由内部集成走向与外部集成相结合，环境发生了变化，管理模式逐渐向“横向一体化”的方向发展，萌发了初步的供应链管理。

（2）形成阶段（20 世纪 90 年代初到 20 世纪结束）。供应链上的成员企业开始认识到信息不共享是竞争力提高的重要障碍，从而开始在整个供应链范围内实现资源共享，加强对信息流和物流的协调。

（3）成熟阶段（21 世纪初至今）。这一阶段的特点是企业间建立合作伙伴关系，注意对不确定信息的共享，充分发挥信息技术在供应链管理上的作业支持和决策支持作用。

4．供应链管理的方法

SCM 的方法主要有快速反应、有效客户响应和准时制生产。

（1）快速反应（Quick Response，简称 QR）是零售商和制造商通过建立战略伙伴关系，利用 EDI 等信息技术及时交换销售信息和订货补充信息，用多频度、小数量的配送方式连续补充商品来缩短交货期、减少库存和提高服务水平的管理方法。

（2）有效客户响应（Efficient Customer Response，简称 ECR）则是供应链上的生产商、批发商和零售商等通过合作和协调，以更好的质量、更快的速度和更低的成本满足消费者需要的一种管理方法。具体的做法如有效引入新产品、实行有效商品管理和有效促销等。

（3）准时制生产（Just in Time，简称 JIT）追求的目标是零库存，要求在刚好需要该零部件时，就刚好把它生产出来并送到需要的地点。

5．供应链管理系统的功能

对企业而言，SCM 可以提供许多应用平台功能，满足企业的管理需要，大幅度提高管理水平，向客户提供更多的服务，于是也就能得到更多的收益。某企业 SCM 应用平台的主要功能模块如图 6-7 所示。

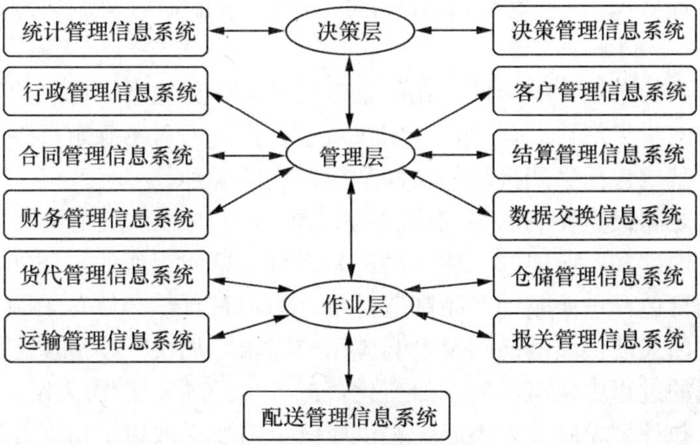

图 6-7　SCM 应用平台的功能

【延伸阅读】

实施 SCM 是克服“长鞭效应”的有力工具

传统企业管理的供应效率十分低下，这表现在零售商向批发商订购的商品数量高于市场上实际的销量，而批发商在集中各零售商订购数量后向制造商发出的订购数量又要加码，制造商在制订生产计划时往往又误认为销售情况很好而再加码，这使得制造商向原材料供应商的订购数量又增大了。这种层层加码，愈往上游订购量愈大的现象，就像挥打鞭子一样愈挥愈高，形成了所谓的“长鞭效应”。这就造成了生产过剩、库存积压、成本升高、效益低下的严重后果。而通过 SCM 则可以使上下游企业共享信息，围绕核心企业建立长期合作伙伴关系，建立固定关系的供应链，以解决这个问题。

二、供应链管理环境下的生产计划和控制

传统制造企业的生产计划和控制是 MRP II 的一个重要功能。它是以本企业的物料需求为中心展开的，制订计划时并没有掌握供应商和销售商的实际情况，因而不确定性很大，难以做到对生产和库存的正确控制。而在供应链管理环境下，由于企业间建立了合作伙伴关系，核心企业（一般是制造企业）可以从供应链的整体出发，在充分了解上下游企业和用户的基础上实现生产计划的协调控制。

供应链管理环境下的生产计划和控制具有以下特点：

（1）信息的多源化和共享。在供应链管理环境下，制订生产计划的信息来自需求和资源两个方面，而这些信息不仅来自企业内部，还来自于企业外部。

（2）分布式的群决策。供应链管理环境下的生产决策模式是分布式的群决策过程。供应链的各个代理（Agent）既有独立自主的功能，又能通过协调机制迅速解决利益上的冲突。

（3）具有更高的柔性和敏捷性。在复杂多变的市场环境下，以客户需求为驱动制订供应链企业间的同步生产计划，并在计划执行过程中，面对不确定事件和动态性因素柔性地修改计划，其中包括生产批量的柔性和提前期的柔性。

供应链企业之间最重要的联系纽带是“订单”。所谓“供应链的订单驱动原理”就是指供应链企业内部和企业间的一切活动都是围绕订单而运作的。例如，用户的需求订单驱动商品采购订单，进而驱动产品制造订单、原材料（零部件）采购订单。正是这种逐级向前的驱动模式使供应链能够及时响应用户需求，加快了物流速度并降低了成本。

在完成计划的过程中，市场需求的变化，或者生产准备工作跟不上等偶然因素的影响，会造成实际与计划相脱节。因此，在供应链上需要采取以下协调控制策略：

（1）生产进度控制。生产进度控制要求对供应链上的企业的生产信息进行严格的跟踪和快速调整。

（2）生产提前期控制。所谓生产提前期，指的是毛坯、零件或部件在各个工艺阶段出产的日期比产品出产的日期应提前的时间长度。生产提前期分为投入提前期和产出提前期。在保证准时供应的前提下，缩短提前期意味着减少在制品，节约流动资金。因

此，建立有效的提前期管理模式十分重要。在供应链管理条件下，提前期的概念有了拓展。它不再强调固定提前期，而更注重交货期，强调准时采购、准时生产和准时配送。

（3）库存控制。库存的作用是应对需求的不确定性，但多余的库存又是一种浪费。在供应链管理环境下，常常通过实施供应商管理库存或联合库存等管理模式来控制库存。

三、供应链管理环境下的库存控制

企业设置库存是为了保证生产和经营过程的连续性。库存起着蓄水池的作用，通过设置库存可以避免由不确定性引起缺货而造成生产和经营过程的停顿。

供应链上的库存有两种：一是生产制造过程中的库存，二是物流过程中的库存。这两种库存的大小都与供应链上信息的不确定性有关。供应链上的不确定性来自供应的不确定性、制造过程的不确定性和客户需求的不确定性等三个方面。为了减少不确定因素对企业库存的影响，关键在于加强企业间的信息交流和共享，增加信息的透明度和实时性。

传统的库存管理仅从本企业着眼，以保持库存水平最低和库存费用最少为目的。这时，由于各自为政，不可避免地产生信息的阻断和时间上的滞后，造成库存需求在下游向上游的传递过程中被逐级放大，从而增加库存量，大大降低整个供应链的竞争力。而在供应链管理环境下，则把目标转向供应链网络，企业间的信息通过网络形式传递，对企业来说，这是一种多信息源的传递和反馈过程，供应商、制造商和分销商可以通过全面交换信息、共同协商，谋求整体库存水平最低，甚至实现零库存。

常用的供应链库存管理的先进方法有供应商管理库存（Vendor Managed Inventory，简称 VMI）、联合库存管理、多级库存优化与控制等。VMI 一般是供应商代表用户执行库存决策，运用优化模型管理库存，并拥有对存货的所有权和控制权。这种方法体现了供应链的集成化思想，是供应商为用户提供的一种延伸服务，是一种创造多赢结果的库存控制模式。联合库存管理是供应链上企业采用双方共同参与、风险分担的库存管理模式。这种模式下，库存成为供需双方信息交流和协调的纽带。例如，在供应商与制造商之间建立原材料联合库存，在制造商与销售商之间建立产销联合库存等。多级库存优化是供应链实现全局优化的一种方法，它可以分别基于库存时间的多级库存优化、基于成本优化的多级库存优化两种不同目标出发来考虑优化问题。

四、供应链管理环境下的物流管理

在供应链管理环境下，除做好企业内部的物流管理外，应将关注的焦点放到整个供应链企业和企业之间的物流管理功能（采购、运输、配送、储备等）的集成上，使之形成类似“虚拟组织”的物流管理。其目的是使整个供应链上的资源共享，获得最佳配置，保证供应链企业之间运作的同步化、并行化，并具有快速响应市场的能力。目前世界上已有许多大型企业将产品的零部件等外包给各地的生产商，然后，通过全球物流网络将这些零部件发送到一个配送中心，由它组装成产品后发运给产品。这种企业由于充分利用了全球的资源，因而具有极强的竞争力。由此可知，供应链环境下的物流管理与传统的相比，更加强调战略管理。

为了达到上述目的，重要的是核心企业的 ERP 系统能跨越 Intranet、Internet、移动通信网，与上下游合作伙伴之间的业务进行有效整合与协同，运用物流信息系统实现物流、信息流的统一，构建企业内外部一体化的管理体系。

供应链环境下物流信息系统的主要功能有：

（1）集中控制功能，指对物流全过程的控制。

（2）运输流程管理功能，指运输过程中的发运管理、到站管理和单证管理等。

（3）货物和车辆的调度管理功能，包括货物的配送和车辆的调度。

（4）客户关系管理功能。

另外还有仓储管理功能、客户查询功能、统计报表功能和财务管理功能等。

五、供应链管理环境下的合作伙伴选择

供应链上的供应商、制造商和经销商之间的关系是一种建立在彼此合作和信任基础上的战略合作关系。在一定时期内，它们在集成化的供应链管理环境下通过信息共享、市场机会共享、共担风险和具体的合作内容来达到改善业绩、降低供应链总成本、提高质量和共赢的目的。对于制造商来说，正确选择供应商是供应链合作成功的关键。在全球竞争激烈和产品需求日新月异的环境下，传统的供应关系已经不再适用，为了实现低成本、高质量、柔性生产、快速反应等目标，组织的业务重构必须改进或提出新的策略或模型，加强对合作伙伴的选择。

所谓合作伙伴选择，是指组织（通常指企业）通过一定的策略或模型，考虑交易伙伴的信用程度、交易商品数量、价格、交货期等指标，对交易伙伴进行总体的评估和最佳选择，以满足组织自身的相应需求，实现组织自身利益的最大化，和实现双赢或多赢的目标。

合作伙伴的选择正确与否，直接影响到组织未来的绩效，是组织各项关系运行的基础。应当指出，合作伙伴关系的建立是买方不断致力于改进与供应商关系的结果，而不是在短期内仅仅依靠技巧就能达到的。

第四节　商务智能

当今企业的发展必须对瞬息万变的市场做出迅速反应，进行有效决策，而决策的正确性与及时性都必须建立在全面、准确、及时的信息基础上，从数据中发现商业知识的能力已经成为支持企业建立竞争优势不可或缺的条件。在目前信息技术广为普及的条件下，企业虽然可以借助信息技术从各种途径收集海量的数据，但如何对浩瀚如海的数据

进行最为快速和科学的处理，如何从丰富的数据中发掘对企业经营管理最有价值的知识，并结合企业经营者的分析和判断，为企业决策提供支持，仍是亟待解决的问题。商务智能技术的出现则为解决上述问题提供了新的理论基础和技术选择。

一、商务智能的概念

商务智能（Business Inteligence，简称 BI）一词最早由美国加特纳公司的分析师 Howard Dresner 于 1989 年提出，最初用来描述一系列以基于事例证据的决策支持系统为支撑的旨在改进商务决策的概念和方法。

IBM 认为商务智能是一种能力：通过使用企业的数据资产来制订更好的商务决策。企业的决策人员以数据仓库为基础，经过使用各种查询分析工具、联机分析处理或数据挖掘，再加上决策人员的行业知识，从数据仓库中获得有利的信息，进而帮助企业提高利润，增加生产力和竞争力。

Olszak 认为 BI 是一系列概念、方法和流程的集合，其目标不仅仅是帮助决策，而且支持企业的战略实施。它的主要任务是面向不同信息源的智能浏览、集中、综合以及多维分析。

Sal March 对 BI 的研究按照时间的顺序进行了总结。他指出传统的 BI 知识被当作一种智能处理后台数据的方式，用以支持经营主管人员的商业决策。而今天的 BI 帮助企业经理者决策，预测未来的趋势，提高企业战略和流程的效率，从而使得企业获得竞争优势。

Business Objects 公司对 BI 的定义是：BI 是一种基于大量信息基础上的提炼和重新整合的过程，这个过程与知识共享和知识创造密切结合，完成了从信息到知识的转变，最终为商家提供网络时代的竞争优势和实实在在的利润。

尽管商务智能常常以软件产品、信息技术或分析方法的形式表现，但从企业管理的角度，商务智能远不是简单的一种软件产品或信息技术，也不仅仅是一种分析方法。商务智能集成了软件产品、信息技术和分析方法，可以向管理者提供增加利润或改进绩效所需要的关键信息。如图 6-8 所示，企业应用商务智能的首要目标就是提高销售、降低成本、改善绩效，从而提高利润。

可见，企业商务智能平台的出现将商务智能推向了新的阶段。这一平台包含了数据收集、存储、挖掘、分析及预测等全方位功能，构成一条完整的智能价值链，提供了统一的智能分析平台。针对未来，根据历史数据来预测未来发生的情况，这个发展过程大致经历了事务处理系统、管理信息系统、经理信息系统、决策支持系统、商务智能系统。

商务智能涉及企业战略、组织、功能、技术、业务五个层面，如图 6-9 所示。通过这五个层面，把企业整合成一个信息工厂。在商务智能的价值链中实现数据到信息、知识、智能、利润的价值增值，使企业取得竞争优势。同时，在问题和决策之间，有信息的反馈，保证战略决策和执行对环境变化的适应。

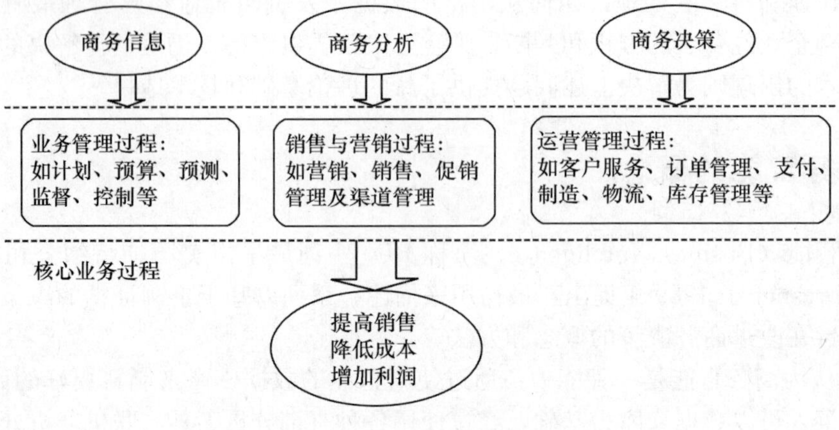

图 6-8 商务智能的应用

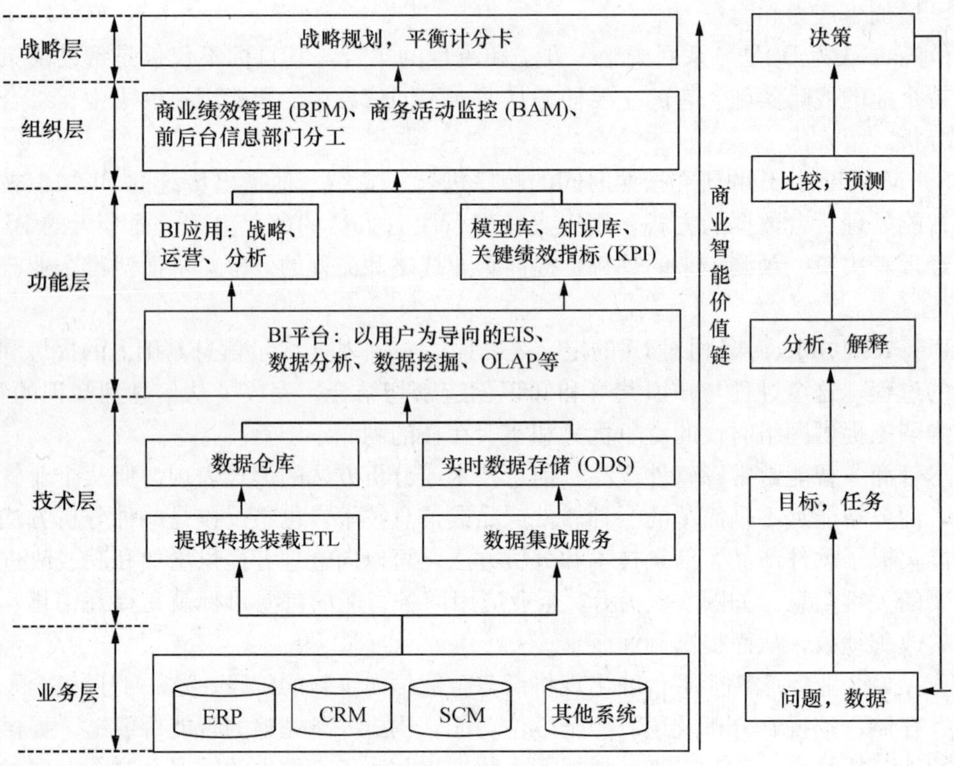

图 6-9 商务智能理论框架图

需要注意的是，商务智能应用了大量的 IT 技术，但 IT 技术只是手段，而不是目的。商务智能的最终目的是管理。从本质上讲，商务智能是一个管理问题，而不是一个技术问题。所以，要在企业中成功实施商务智能，打好技术基础固然重要，但更重要的是奠定坚实的管理根基。

二、企业运营智能

企业运营智能是指通过报表形式为企业不同的业务主管提供不同的商务智能信息，如计划管理和预测智能、财务智能、人力资源智能、生产质量控制智能、采购智能、制造智能、供应链智能、项目智能、市场智能、销售智能、服务智能、呼叫中心智能、客户智能等。

1. 计划管理和预测

大多数现代工业企业都采用以计算机为核心的各种控制系统和各种生产经营管理系统（如 MIS、MRP、CRM、ERP 等），以方便地获取大量有关工业生产过程的历史数据和当前生产的实时动态数据以及企业经营管理数据。然而，由于生产过程机理的复杂性，实时数据没有明显的始终点，而工作环境又是复杂和易受干扰的，这使得企业运营数据具有海量、高维、不确定性、不完备、不一致性和数据类型多样性等特点。企业运营数据的复杂性导致了工业监控、优化生产的难度加大。数据挖掘为解决这些问题提供了强有力的保证。

2. 生产管理

在工业 4.0 时代的智能工厂中，CRM（客户关系管理）、PDM（生产数据管理）、SCM（供应链管理）、PLM（产品生命周期管理）、CAD（计算机辅助设计）等系统都将互联。届时，接到顾客订单后的一瞬间，工厂就会立即自动地向原材料供应商采购原材料。原材料到货后，将被赋予客户、产品、工艺等相关数据，这就使得这些带有“信息”的原材料拥有自己的用途或目的地。在生产过程中，当它一旦被错误配送到其他生产线，它会通过与生产设备产生“对话”，返回属于自己的正确的生产线；如果生产机器所需要的原材料不足，生产机器也会向订单系统进行“交涉”，来增加原材料数量。最终，即便是原材料嵌入到产品内，由于它还保存着路径流程信息，将会很容易实现追踪溯源。

【延伸阅读】

工业 4.0

德国学术界和产业界认为，“工业 4.0”概念即是以智能制造为主导的第四次工业革命。该战略旨在通过充分利用信息通信技术和网络空间虚拟系统、信息物理系统相结合的手段，将制造业向智能化转型。在这种模式中，传统的行业界限将消失，并会产生各种新的活动领域和合作形式。创造新价值的过程正在发生改变，产业链分工将被重组。“工业 4.0”主要分为两大主题，一是智能工厂，重点研究智能化生产系统及过程，以及网络化分布式生产设施的实现；二是智能生产，主要涉及整个企业的生产物流管理、人机互动以及 3D 技术在工业生产过程中的应用等。

3. 精确化营销

通常，精确化市场营销活动的响应率比大众化营销的响应率要高。响应模型通过识别潜在客户，即谁更可能对直接诱导作出响应，来提高响应率。最有用的响应模型应该能够提供对可能响应的真实估计，但这并不是必要条件，任何可以把潜在客户响应可能性分级的模型都可以满足需要。

使用模型得分的最简单方式是用它们来列出等级。一旦潜在客户被指定了响应倾向得分，就可以对潜在客户进行排序，把那些最可能响应的人排在列表的前面，最不可能响应的人排在后面。许多建模技术能够用来生成响应得分，包括回归模型、决策树和神经网络等。在获取客户以后，还会有交叉销售、提升销售、使用激励、忠诚计划等。这些营销活动均是为了留住客户而设计的。

4. 生产质量控制

为了使工序条件最优化，传统的做法是应用一系列的试验方法对工序条件选优，对各加工参数进行试验，以寻找最优化的加工状态。可采用的方法有级数筛选设计、局部析因设计、反应动力学中心合成设计等。上述方法是在一定条件下对工序进行有限几次的试验和变更来了解工序条件的。在日常的生产中，人、机器、原材料、工艺方法、环境等因素均能造成质量的异常波动。数据挖掘可以通过分析已有的工序中正确处理方法和异常现象前后之间的记录，得出工序异常的关联规则，以判断引起质量波动的支配性因素。

趋势预测是对工序生产的数据背后所隐藏的特征和趋势进行分析，最终给出关于生产质量的总体特征和发展趋势，如产品的各种加工条件和控制参数（如时间、温度、湿度等），通过对这些数据的分析，可以得到产品质量与这些参数之间的关系，这样我们可以对改进产品质量提出针对性建议，而且有可能提出新的高效节约的控制模式。

5. 财务管理

从财务管理角度，商务智能是一种新的财务信息处理技术。其主要特点是能对会计数据库、其他业务数据库中的大量数据进行综合处理，通过抽取、转换、分析及其他模型化处理，从中提取辅助决策的关键性数据。财务商务智能是深层次的财务数据分析方法。同传统的财务分析相比，一是商务智能所采用的基础数据更加全面，不仅包含财务报表中的数据，而且可以包括会计业务基础数据和其他相关业务数据，例如采购、销售等业务数据等，还可以包括非财务数据，如企业背景资料、人力资源信息等。二是财务分析可以提供更有价值的信息，不仅可以利用钻取、切片、漂移、旋转等功能简单直接地引导用户从多角度、多侧面观察数据，而且还可以将分析数据统一管理起来，使用户在同一界面下选择分析的重点，获取所有分析数据。另外，财务分析的时效性更强，财务分析影响的范围更大，有助于吸引潜在的投资者。

财务预测是指根据企业财务活动的历史数据资料，考虑当前已经出现和正在出现的变化因素，运用经济数学方法和现代计算技术，对企业未来财务活动的发展状况作出预测和判断。财务预测是企业财务管理的重要环节。财务预测是一个涉及自身财务活动和外部财务环境各个方面的复杂动态过程，其中包含着很多不受管理人员控制和状态不确定因素的影响，有主观方面的也有客观方面的，有企业内部的也有企业外部的，单纯利用传统的模型和方法很难作出准确的判断。而商务智能正是解决这一难题的有效方法，它可以从大量的、不完全的、模糊的数据中，提取隐含在其中的、潜在的有用的知识。

财务危机又称财务困境。广义的财务危机是指企业由于营销、决策或不可抗拒因素的影响而使经营循环和财务循环无法正常持续或陷于停滞的状态，最严重的财务危机是企业破产。财务危机预警就是以财务会计信息为基础，通过设置并观察一些敏感性预警指标的变化，对企业可能或者将要面临的财务危机实施的实时监控和预测警报。财务预警模型是指借助企业财务指标和非财务指标体系来判别企业财务状况的模型。目前财务预警模型主要包括六类：一元判定模型、多元判定模型、多元 Logistic 回归模型、多元概率回归模型、人工神经网络模型和联合预测模型等。

三、客户关系智能

客户关系管理（CRM）与数据仓库（DW）、联机分析处理（OLAP）、数据挖掘（DM）等商务智能技术融合，就成为客户关系智能。在客户关系管理方面，数据仓库可以有效地管理大量的、复杂的客户关系，实现客户数据的组织和查询，提高对客户关系数据的管理水平，为决策分析提供基础平台。联机分析处理运用基于多维数列和数据立方体的数据模型，提供一种便利的交互式数据分析方法。数据挖掘是一组高层次的信息处理技术，它充分利用客户资料，发现潜在的、有用的规则和模式，在客户群体分类、客户评估和行为预测等方面具有独特的优势。

1. 客户细分

客户细分（Customer Segmentation）是指按照一定的标准将企业现有的客户划分为不同的客户群。正确的客户细分可以使营销人员针对不同客户的消费特征采用相应的营销策略，提高市场营销和服务的目的性，从而有效地降低成本，获得更强的市场渗透。

企业的资源是有限的，必须根据市场的状况，根据客户的消费行为进行划分，以有选择地采取更具针对性的营销策略；对客户进行细分可以使企业深刻认识客户，对不同的客户群提供相应的个性化服务，使双方都受益。

一般地，客户细分的一种方式是按客户的内在属性分，如按收入、年龄、性别、家庭人数和信用程度等进行分类；另一种是按客户的消费行为进行分类，如按客户购货的次数、每次购货的金额和消费频率等。另外，划分的手段可根据企业的营销战略选择适当的挖掘技术。例如，在不太明确客户群体的分类标准的情况下，可采取聚类技术对客户群进行划分。企业营销者在聚类分析的基础上，还可采用分类技术对每个客户群的未来状况（如为企业带来的利润率）进行预测。

2. 客户流失分析

为每一类细分的客户制订一种相应的营销策略，可以提高客户的保持率，防止客户流失。据研究，客户的保持率每提高 5%，利润将会提高 25%以上。因此，客户流失对任何公司都是一个严重的问题。在市场需求已经相当饱和的成熟行业，避免客户流失尤为重要。因为新客户的主要来源是脱离竞争对手业务的那些客户。

首先要建立客户流失的识别模型。即要确定什么是客户流失，以及如何在这种情况出现时识别它。客户流失分为强制流失和预期流失。比如，在客户未付账单时，公司就会终止与其关系，这属于强制流失。而当客户不再属于一个产品的目标市场时，预期流失就会发生，比如，小孩子长了牙就不再需要婴儿食品；工人退休后就不再需要养老金储蓄账户；一个家庭搬走了，就不需要再将他们订的报纸送到家门口，等等。

把强制流失误当作自发流失的公司会损失惨重。因为他们花冤枉钱试图留住随后“变坏”的客户，并且增加了需要勾销的客户消费。而预测强制流失客户也是有风险的。因为对这类客户的处置往往是通信服务被暂停、滞纳金增加、催缴信发得很快且频繁，这些会令一些忠诚客户心生厌恶而自发流失。

在许多公司，自发流失和强制流失由不同部门负责。营销部门主攻好客户的保留，财务部门则旨在减少“差客户”的出现。从数据挖掘的观点看，不论是自发流失还是强制流失，一起处理二者会更好，因为所有的客户在不同程度上都存在这两种类型流失的风险。

3. 客户的获取与保持

潜在客户是指虽然现在还没有购买，但有可能购买本公司商品的客户。新客户包括对企业产品和服务不了解的客户，以及竞争对手的客户。企业应采取营销手段来识别并获得这些客户。但是，每个客户对企业营销策略的反应不同，而客户反馈的数据量又如此庞大，造成营销者难以综合把握。数据挖掘技术可以解决这个问题。例如，对反馈的客户进行描述并从整体上把握，运用数据挖掘中的关联规则技术挖掘他们的兴趣所在。同时，运用一定的盈利判断标准，对客户的盈利能力进行预测，进而采取分类技术处理数据，挖掘出那些对企业感兴趣并可使企业盈利的客户群，使营销人员采取有针对性的促销策略。

现在新商品层出不穷，客户和企业的接触渠道多样化，客户的选择性很大，因而客户流失现象越来越普遍。面对如此巨大的压力，企业必须保持已有的客户。可通过数据挖掘技术对企业已流失客户的数据进行分析，如进行关联分析找出客户流失的规则；可根据流失客户的数据建立决策树模型，然后对现有客户进行预测，找出可能流失的客户群，进而采取防范措施。更为积极的措施是在客户群细分的基础上，提供个性化服务，实现“一对一”营销，提高客户的满意度。

4. 客户信用评价

识别信用不好的客户与留住信用好的客户同样重要。大多数受消费者信用风险影响的公司，都把客户信用筛选作为重要工作。设立早期预警机制对于这类公司十分必要。预警措施包括限制服务的使用，或者减少付款延迟与中断服务之间的时间。

未付款服务的终止有时称作强制流失，可以用多种方式建模。在一定时间内，强制流失经常被看作一个二元结局，Logistic 回归和决策树技术就适合解决这类问题。这类问题也可看作是一个生存分析问题，实际上是将问题从“该客户下个月不付款吗?”转换为“半数客户沦为强制流失的时间还需要多久?”

为了避免或减少信用风险，银行在决策之前，需调查企业的经营情况，分析客户的历史信贷记录，评价客户的信誉度和债务偿还能力。数据挖掘技术使得信贷管理模式由定性分析逐步向定量分析转化，科学地强化对信贷客户的信用评估、风险测定、贷款方式的选择和信贷风险权重的管理，有效地防范和控制信贷风险。同时对不良贷款严密监控，加大信贷资金分析和分类的频率，提高信贷决策水平和市场应变能力。

5. 客户盈利能力分析

客户盈利能力与企业的利润直接相关，而不同客户的盈利能力是不一样的。知道了客户的盈利能力，企业才有可能采取更为有效的营销策略。例如，可根据某种测量客户盈利能力的度量标准，将客户群按不同盈利水平进行划分，对企业的"黄金客户"给予充分重视，可向他们提供增值服务，提高其满意度和忠诚度，为企业的盈利作保证。再如，可采取分类挖掘技术将客户分成不同的群体，根据各类客户的相近特征（如职业、教育水平等）而有不同消费行为时，可考虑对这些类的客户进行交叉营销。

客户价值评估是相当复杂的，尽管数据挖掘会有所帮助，但客户价值计算在很大程度上依赖于财务计算。

6. 客户欺诈行为分析和预防

客户的欺诈行为会给企业造成不同程度的损失，有时可能带来灾难性的后果。对企业客户的欺诈行为进行防范，可使企业避免意外风险，保持经营正常化。例如，通过数据挖掘中的机器学习算法（如神经网络）建立模型，用一些有欺诈行为的客户样本数据进行训练，然后对现有客户数据进行检验，侦测出具有诈骗倾向的客户；也可采取数据挖掘中的孤立点（也叫离群点，Outlier Detection）分析技术，即找出那些与其他客户不同的客户群来进行防范，同时应注意由于欺诈行为发生的概率很小，要求结果具有很高的可信度。

目前，数据挖掘和统计学已经成功地应用在信用卡欺诈、电信欺诈、洗黑钱、电子商务欺诈的侦测中。基于判别分析和回归分析的统计方法通过给持卡者或信用卡交易进行信用评分来识别欺诈交易，得到了广泛的应用。另外，建立分类模型来将欺诈交易和正常合法交易区分开来，也是常用的防范措施。人工神经网络、决策树等分类算法在欺诈识别上都具有鲁棒性，取得了较好的侦测效果。

四、供应链智能

随着物流现代化进程的推进，流通行业在经营过程中产生了海量的数据，这些数据蕴藏了丰富的经营视点和市场规律。流通企业拥有相当丰富的数据却缺乏足够的信息，很多企业无法有效管理或改进业务处理过程中存在的问题，很难完成跨组织界限的管理工作。如何充分利用这些数据，让它们更好地为企业决策服务，已成为流通行业亟待解决的问题。

当今的一些物流管理信息系统只能够为管理者提供普通的业务处理数据和简单的分析数据，不具备数据挖掘和知识发现功能，不能提供立体化、多视角、有洞察力的数据，更不能提供具有预测性的、潜在的市场信息，所以远远不能满足各管理层的现时要求。

1. 分析型供应链

随着信息技术的高速发展，积累的有关物流行业的数据量剧增，如何从大量的物流数据中提取有用的知识成为第三方物流企业的当务之急。

利用数据挖掘技术可以解决这个问题。以物流客户的采购习惯数据为例，利用关联分析可以发现物流客户的关联采购需要。例如，对于第三方物流企业来说，一个托运货物的货主很可能同时有货物的包装、流通加工等物流业务的需求。利用这种知识可以采取积极的物流运营策略，扩展物流客户采购服务的范围，吸引更多的物流客户。通过调整服务的内容便于物流顾客采购到各种物流服务，或者通过降低一种物流业务的价格来促进另一种物流业务的销售等。根据顾客的消费水平和基本特征对物流顾客进行分类，可以找出对第三方物流企业有较大利益贡献的重要物流客户的特征，通过对其进行个性化物流服务，提高他们的忠诚度。根据物流客户的个人特征以及物流业务消费数据，还可以将客户群体进行细分。例如，可以得到这样的一个物流业务消费群体：生产企业对物流业务中的运输需求占41%，对物流业务中的仓储业务的需求占23%；商业企业对物流业务中的运输需求占59%，对物流业务中的仓储业务需求占77%。针对不同的客户群，可以实施不同的物流服务方式，从而提高客户的满意度。

2. 智能化的供应链管理流程

智能物流系统不仅实行物流结构的调整，而且在物流中心建设、库存控制、库存补货以及货物运输等方面建立起能够有效控制的运行机制，使物流系统能够适应市场的变化，提高物流系统的效率和决策的准确性。同时减少决策过程的主观因素，克服决策中的主观随意性和盲目性，消除物流系统中信息的长鞭效应，减少因决策失误而造成的经济损失。

智能物流系统包括销售管理、产品管理、运输管理、生产和采购管理、知识库管理等五个模块。其中知识库管理模块是对物流系统的改进。各种外部知识诸如库存决策准则、产品放弃准则、系统本身产生的知识如数据挖掘发现的模型，均以特定的格式写进知识库中，在决策过程中将结合知识库为决策者提供解决方案。比如，它可以运用数据挖掘、专家系统分析技术评价整个物流系统中的网络设计是否合理、是否可以改进，物流系统的敏感度如何，供应链中结点的异常情况诊断等。

3. 信息共享与智能协调

供应链管理是现代管理科学和企业信息化相结合的产物。当今商业处于一个高度变化的环境中，充满了兼收并购和激烈的竞争。为了适应这个环境，必须充分利用数据仓库技术准确、及时、完整地收集供应链上的物流、资金流、信息流数据，并有效地分析和利用这些数据，这是作出正确决策和获取部分优势的第一步，也是供应链管理实践的基础所在。

【实验】

利用 Access 创建一个小微企业管理信息系统

要求根据项目管理理论，针对小微企业信息管理需求进行分析，为小微企业规划与设计一套可以在线处理的 ERP 和供应链平台系统，覆盖企业采购、库存、销售、客户、供应商、应收应付、审批流程、企业内部事务等多个业务领域，以提升企业管理效率，降低经营成本。

1. 小型 ERP

小型 ERP 主要包括以下功能模块：

(1) 销售管理：包括销售订单、提货通知单、退货通知单、应收台账、收款登记、客户档案、客户分管、联系人列表、在线销售订单等功能。

(2) 采购管理：包括采购订单、到货通知单、退货通知单、应付台账、付款登记、供应商档案、供应商分管、联系人列表、在线采购订单等功能。

(3) 库存管理：包括入库管理、出库管理、当前库存、仓库调整、仓库盘点、仓库调拨、仓库分配等功能。

(4) 生产管理：包括主生产计划、MRP 物料分解、MRP 运算、派工单、委外加工单等功能。

(5) 报表管理：包括销售报表、采购报表、仓库报表、生产报表等功能。

(6) 供应链：包括采购订单跟踪、采购退货跟踪、委外订单跟踪、委外订单材料跟踪、委外订单材料明细跟踪、委外发料供应链跟踪、委外退货供应链跟踪、委外材料库存、委外调账供应链跟踪、供应商销售订单统计、供应商销售出库查询、供应商仓库查询、供应商应收查询、供应商收款登记查询、供应商生产进度查询等功能。

2. 供应链平台系统

供应链平台主要解决两个问题：一是解决企业上游供应商内部信息化管理问题；二是实现企业与上游供应商的信息集成。该平台有助于提升各供应链联盟成员企业的自身管理水平，同时促进企业间的沟通合作；有助于理顺每个企业的购销环节，为企业提供直接的市场信息和广阔的销售渠道，并以此为契机促进企业间的联合，同时也为各企业提供无限的商机；敏捷供应链的实施，可以提升整个供应链联盟的竞争力。

供应链平台主要包括以下功能模块：

(1) 在线业务协同：上游的加工企业或供应商可以通过平台直接与本企业进行业务往来，实现订单下达、发货计划安排、送货等业务。平台将供应链上的上游供应商进行整合，提高企业间协同工作的能力，从而使上游供应商在业务配合方面，就像一个公司内各部门一样协调一致。

(2) 在线对账：在线对账平台是平台的往来业务信息查询门户，是发布企业间往来结算信息的窗口，为企业用户提供基于互联网的往来业务对账方式，企业用户及其商业伙伴能通过这个平台快速查询、统计往来业务信息，清晰了解商品和资金的在途情况以指导货款催收或商品催发工作的跟进，确保交易双方账实相符。

(3) 信息共享：之前，企业之间的沟通通过传统的电话、传真、E-mail 等方式，导致企业之间沟通具有零散性、无规律性等缺点，不利于实现信息共享，直接影响企业之间的协作，同时也阻碍了各自的发展。该平台可把各企业的信息集成在统一的数据库中，并在企业之间建立一个信息共享的规范，使企业之间的信息实现对等、有序的共享关系，有利于相互沟通。

要求：对上述功能模块进行分析、设计，并利用Access创建该系统。

本章小结

企业管理信息系统主要有供应链管理系统、企业资源计划、客户关系管理系统等。供应链管理是指围绕核心企业，对供应链中的物流、信息流、资金流以及贸易伙伴关系等进行组织、计划、协调、控制和优化的一系列现代化管理。企业资源计划是信息系统在企业中的典型应用，这是一种全新的基于信息技术的企业管理模式，是一个对企业物流、资金流和信息流三大资源进行全面集成管理的管理信息系统。客户关系管理是指通过计算机管理企业与客户之间的关系，以实现客户价值最大化的方法。

商务智能为利用计算机、通信等现代科学技术，针对企业如何收集、整理、分析和分享信息的流程，为企业提供信息，扩大信息受众范围，增加信息价值，为及时、准确进行决策提供服务的过程。商务智能可以应用于不同领域，如企业运营智能、客户关系智能和供应链智能等。

习　题

1. ERP的发展过程是一个循序渐进的过程，其发展大致经历了哪些阶段？简述各阶段的基本思想和原理。

2. 分析ERP的产生背景。

3. CRM应用系统有哪些类型？各类型的功能特点是什么？

4. SCM系统主要包括哪些功能模块？

5. 简述商务智能的定义及其构建过程。

6. 商务智能的应用有哪些？列举实例说明。

参考文献

[1] 黄梯云，李一军．管理信息系统［M］．第 4 版. 北京：高等教育出版社，2009.

[2] 倪庆萍．管理信息系统原理［M］．第 2 版. 北京：清华大学出版社，北京交通大学出版社，2010.

[3] 薛华成．管理信息系统［M］．第 6 版. 北京：清华大学出版社，2012.

[4] 陈德良，肖默，张畅．管理信息系统［M］．北京：人民邮电出版社，2009.

[5] 吴柏林．管理信息系统［M］．北京：清华大学出版社，北京交通大学出版社，2011.

[6] 李静．管理信息系统实验教程［M］．北京：北京师范大学出版社，2011.

[7] 倪庆萍．管理信息系统原理习题解答与实验指导［M］．北京：清华大学出版社，北京交通大学出版社，2007.

[8] 邓晓红，李志刚．管理信息系统实验指导与课程设计［M］．北京：机械工业出版社，2006.

[9] 郭捷．管理信息系统［M］．北京：机械工业出版社，2009.

[10] 陈恭和．管理信息系统——理论与实践［M］．第 2 版. 北京：高等教育出版社，2009.

[11]［美］斯蒂芬·哈格，格芙·卡明斯．哈格管理信息系统［M］．第 2 版. 北京：中国人民大学出版社，2009.

[12] 范并思，许鑫．管理信息系统［M］．上海：华东师范大学出版社，2011.

[13] 黄梯云，李一军．管理信息系统导论［M］．第 3 版. 北京：机械工业出版社，2011.

[14]［美］肯尼斯 C. 劳顿，简 P. 劳顿．管理信息系统［M］．第 11 版. 北京：机械工业出版社，2011.

[15] 滕佳东．管理信息系统实验［M］．第 2 版. 大连：东北财经大学出版社，2013.

[16] 科教工作室．Access 2010 数据库应用［M］．第 2 版. 北京：清华大学出版社，2011.

[17] 杨宪立，苏静．Office 2003 办公软件应用基础教程与实验指导［M］．北京：清华大学出版社，2007.

[18] 黄梯云，李一军，叶强．管理信息系统［M］．第 5 版. 北京：高等教育出版社，2014.

湖南大学出版社精品教材汇编

书号（ISBN）	教材名称	主　编	开本	定价（元）	出版（重版）年月
经济与管理类					
978-7-81113-626-5	管理学	张　弘、郭巧云	16	40.00	2015.08
978-7-5667-0511-2	统计学（第二版）	罗良清、李梦觉	16	38.00	2016.03
978-7-5667-0198-5	审计学	赵　华、瞿有喜	16	49.00	2014.01
978-7-5667-0248-7	宏观经济学（第二版）	王玉珍	16	38.00	2014.09
978-7-5667-0085-8	微观经济学（第二版）	刘维奇、刘运材	16	38.00	2015.01
978-7-81113-633-3	市场营销学	杨　慧、张湘赣	16	45.00	2011.07
978-7-81113-635-7	物流学导论	闫国庆、李秋正	16	32.00	2014.07
978-7-81113-631-9	人力资源管理	卢福财	16	33.00	2014.02
978-7-5667-0648-5	电子政务基础	何　振	16	42.00	2014.06
978-7-81113-627-2	国际贸易实务	罗双临、杜红梅	16	30.00	2014.08
978-7-5667-0512-9	市场调查与预测（第二版）	李志强、蔡宏宇	16	42.00	2014.01
978-7-5667-0775-8	组织行为学	王永泉、方　宏等	16	45.00	2015.11
978-7-5667-1158-8	管理信息系统	赵　敬、王　雷	16	25.00	2016.12
财务与会计类					
978-7-5667-0443-6	会计学（第二版）	杨平波	16	38.00	2015.01
978-7-5667-0688-1	会计学原理（第二版）	史继坤	16	32.00	2016.01
978-7-5667-0122-0	财务管理（第二版）	欧阳祖友、袁康来	16	39.00	2015.08
978-7-5667-0107-7	成本会计	张德容、江金锁	16	39.00	2013.04
978-7-5667-0119-0	管理会计	陈　建、史继坤	16	33.00	2013.08
978-7-5667-0117-6	财会英语	周慧滨、姚利辉	16	36.00	2014.01
978-7-5667-0799-4	中级财务会计（第二版）	汤　健	16	49.00	2015.01
978-7-5667-0118-3	高级财务会计	杨平波、孙灿明	16	45.00	2016.01
978-7-5667-0120-6	会计信息系统实验教程(第二版)	姚靠华、刘纳新	16	39.80	2013.07
978-7-81113-748-3	会计模拟实习教程（第三版）	万宇洵、徐铁祥	16	22.00	2013.08
公共与基础类					
978-7-5667-0320-0	经济法（第二版）	彭宇文、崔明霞	16	46.00	2014.07
978-7-5667-0705-5	应用文写作（第二版）	郑宪春、聂春梅	16	45.00	2016.01
978-7-5667-0353-8	普通逻辑学	杜　音、艾泽银	16	36.00	2016.01
978-7-5667-0241-8	微积分同步教练（第二版）	谢小良	16	29.80	2016.07